KB235081

사서교사가 만든
독서 교육을 위한

찐 실전 Chat GPT

생성형 AI (에듀테크) 사서 학교도서관 활용하기!

이유진·김은현·주경 공저

(주)광문각출판미디어
www.kwangmoonkag.co.kr

도서관의 온기(溫氣)에 AI의 기술(技術)을 더하다

학교 도서관의 풍경이 변하고 있습니다. 학생들은 책장 대신 스마트폰을 넘기고, AI가 요약한 정보를 먼저 접합니다. 새로운 디지털 도구가 쏟아지는 상황에서 사서의 역할에 대한 고민도 깊어집니다. 하지만 기술은 결국 도구일 뿐입니다. 사서교사가 정보 전문가로서 중심을 잡고 기술을 주도적으로 활용한다면, 생성형 AI는 도서관의 역할을 확장하는 새로운 계기가 될 것입니다.

본 도서는 바로 그 확신에서 출발했습니다. 초·중등학교 도서관 현장에서 아이들과 함께 호흡하며, "어떻게 하면 AI에 의존하기보다 학생들의 생각을 넓히는 데 활용할 수 있을까?", "어떻게 하면 반복적인 행정 업무를 줄이고 학생 한 명 한 명에게 더 집중할 수 있을까?"를 끊임없이 고민해 온 세 명의 사서교사가 그 답을 찾아가는 여정을 이 책에 담았습니다.

우리는 AI가 책을 대체한다고 생각하지 않습니다. 그러나 AI는 흩어진 생각의 조각을 모아 주는 구조화 도구이자, 책 속 인물과 살아 있는 대화를 가능하게 하는 상상력의 매개체이며, 나만의 목소리를 팟캐스트나 카드뉴스로 세상에 내보낼 수 있도록 돕는 확성기가 될 수 있습니다.

1부는 생성형 AI의 기본 원리와 프롬프트 엔지니어링, 그리고 무엇보다 중요한 AI 윤리를 다룹니다. 기술의 편리함 이면에 있는 저작권 문제와 할루시네이션(환각 현상)을 짚어 보며, 사서교사가 갖추어야 할 디지털 리터러시의 방향을 제시합니다.

2부는 교실 속 생생한 수업 사례입니다. 챗GPT와 함께하는 독서 기록 구조화부터 책 속 인물과의 가상 토론, 독서 팟캐스트 제작과 카드뉴스 만들기까지, 읽고 쓰는 활동에 AI를 접목하여 아이들의 사고를 깊고 넓게 확장하는 구체적인 수업 레시피를 담았습니다.

3부는 사서 선생님들의 저녁이 있는 삶을 위한 업무 혁신 가이드입니다. 나만의 업무 보조 챗봇(GPTs)을 만들고, 구글 스프레드시트와 유튜브 API를 연동하여 독서 콘텐츠를 자동으로 수집·가공하는 기술은 복잡한 행정 업무에서 우리를 해방시켜 줄 것입니다.

이 책은 이론서가 아닙니다. 학교 도서관에서 아이늘과 부내끼머 시행착오 끝에 만들어낸 '찐 실전' 기록입니다. 낯선 프롬프트 창 앞에서 막막해할 동료 선생님들에게, 이 책이 친절한 길잡이가 되고 든든한 동료가 되기를 소망합니다.

2026년 새 학기를 맞이하며
저자 일동 드림

제1부 생성형 AI가 왜 도서관에 필요할까?

1장 생성형 AI와 도서관 업무 … 9

1) 사서의 시간을 돌려주는 기술, 생성형 AI … 9
2) 생성형 AI란 무엇인가? … 9
3) 주요 AI 모델과 서비스 가입 안내 … 10
4) 도서관 업무를 혁신하는 5가지 능력 … 13
5) 실전 플랫폼 가이드: 우리 도서관에 맞는 AI 선택하기 … 14
6) 사용 전 반드시 인지해야 할 주요 쟁점 … 15

2장 AI와 대화하는 기술, 프롬프트 엔지니어링 … 18

1) 프롬프트란 무엇인가? … 18
2) 프롬프트의 원리 … 18
3) 효과적인 프롬프트의 조건 … 19
4) 다양한 프롬프트 엔지니어링 기법 … 22

3장 생성형 AI 윤리와 저작권 … 32

1) 생성형 AI와 저작권 문제 … 32
2) 도서관 현장에서의 책임 있는 활용 … 35
3) 생성형 AI를 활용한 수업 준비 … 39
4) 윤리적 관점에서 바라본 AI의 가능성과 한계 … 42

제2부 챗GPT로 독서 수업하기

1장 챗GPT로 AI 윤리 수업하기   45

1) AI 윤리, 왜 지금 우리에게 필요한가?   45
2) AI 생성 정보 비판·검증하기   46
3) 팩트체크 사례 살펴보기   48
4) 비판적 분석 기반 5단계 질문법   55
5) 5단계 질문법을 활용한 AI 윤리 문제   57

2장 챗GPT로 독후 내용 구조화하기 (달리, 제미나이)   60

1) 텍스트 기반 사고 구조화   60
2) 시각 자료를 통한 구조화   72

3장 챗GPT와 함께 글쓰기   89

1) 왜 AI를 활용한 글쓰기 교육인가?   89
2) 개요를 바탕으로 초안 작성   106
3) AI 협업 성찰과 평가   111

4장 책 속 인물과 토론하기 (패들렛)   116

1) 왜 책 속 인물과 토론하는가?   116
2) 수업 설계 개요   117
3) 인물 분석: 인물 속으로 들어가기   118
4) 토론 주제 만들기: 고전에서 오늘로   121
5) 실전 GPT 프롬프트 양식   124
6) 평가 및 피드백   126

5장 독서 팟캐스트 만들기 (노트북 LM, 수노 AI)   131

1) 왜 독서 팟캐스트인가?   131
2) 팟캐스트 제작 5단계   132
3) 평가와 활용   140

6장 챗GPT로 카드뉴스 수업하기 (캔바, 미리캔버스 미리클)   145

1) 카드뉴스 기획하기   145
2) 효과적인 카드뉴스 구성 요소   147
3) 이미지 생성형 AI를 활용한 시각 자료 제작   151

제3부 챗GPT를 활용한 도서관 업무하기

1장 업무 보조 챗봇 만들기 (GPTs, 서프API)   163

1) 도서관 업무 AI 챗봇의 필요성   163
2) GPTs를 활용한 도서 추천 시스템 구축   164
3) GPTs 생성 이용 가이드   164
4) 독서 프로그램 운영 자동화   175

2장 독서 콘텐츠 추천 시스템 자동화 (구글 폼, 구글 스프레드시트)   179

1) 구글폼과 챗GPT로 독서 이력 자동 수집   179
2) GPT for Sheets and Docs를 활용한 토론 주제 자동 생성   184

3장 독서 영상 자동 탐색기 만들기 (유튜브 API)   190

1) 유튜브 데이터 API 키 발급받기   190
2) 스프레드시트 설정하기   192
3) 앱스 스크립트 코드 작성하기   194
4) 스크립트 권한 설정하기   196
5) 탐색기 사용 방법   197

4장 독서 활동 콘텐츠 자동화 (캔바, 감마, 클로드 아티팩트)   200

1) 독서 활동지 양식 생성   200
2) AI 프레젠테이션 도구 완전 정복   214
3) 독서 퀴즈 자동 생성   223

1

1장
생성형 AI와
도서관 업무

2장
AI와 대화하는 기술,
프롬프트 엔지니어링

3장
생성형 AI
윤리와 저작권

생성형 AI가 왜
도서관에 필요할까?

1장
생성형 AI와
도서관 업무

2장
AI와 대화하는 기술,
프롬프트 엔지니어링

3장
생성형 AI
윤리와 저작권

생성형 AI와 도서관 업무

1) 사서의 시간을 돌려주는 기술, 생성형 AI

도서관 현장은 늘 분주하다. 반복적인 문서 작업, 방대한 자료의 요약에 드는 시간은 사서가 창의적인 업무에 집중할 시간을 필연적으로 줄인다. 만약 이러한 과업을 줄일 수 있다면 도서관 서비스는 어떻게 달라질까.

바로 생성형 AI가 대안이 될 수 있다. AI의 창조력은 단순한 업무를 자동화하여 사서의 시간을 확보하고, 나아가 도서관 서비스의 패러다임을 바꿀 강력한 힘이다.

2) 생성형 AI란 무엇인가?

생성형 인공지능(Generative AI, 이하 생성형 AI)은 대규모 언어 모델(Large Language Model, 이하 LLM) 등 다양한 AI 모델을 기반으로, 기존 데이터를 학습하여 텍스트, 이미지, 음성, 동영상, 코드 등 새로운 콘텐츠를 생성하는 인공지능 기술의 한 분야다.

생성형 AI는 인간처럼 정보를 기억하거나 이해하여 답변하는 것이 아니다. 대신, 입력된 지시의 맥락과 의도를 파악한 후, 방대한 데이터 학습을 통해 얻은 통계적 패턴을 기반으로 다음에 올 단어를 확률적으로 예측하며 문장을 생성한다.

3) 주요 AI 모델과 서비스 가입 안내

가 오픈AI의 챗GPT

가장 널리 알려진 범용 언어 모델로, 글쓰기, 코딩, 기획, 분석 등 거의 모든 영역에서 안정적으로 뛰어난 성능을 보인다.

나 구글(Google)의 제미나이 시리즈

구글의 방대한 데이터와 검색 엔진을 기반으로 하며, 실시간 정보 연동과 구글 워크스페이스(문서, 스프레드시트 등)와의 강력한 생태계 연동이 최대 강점이다.

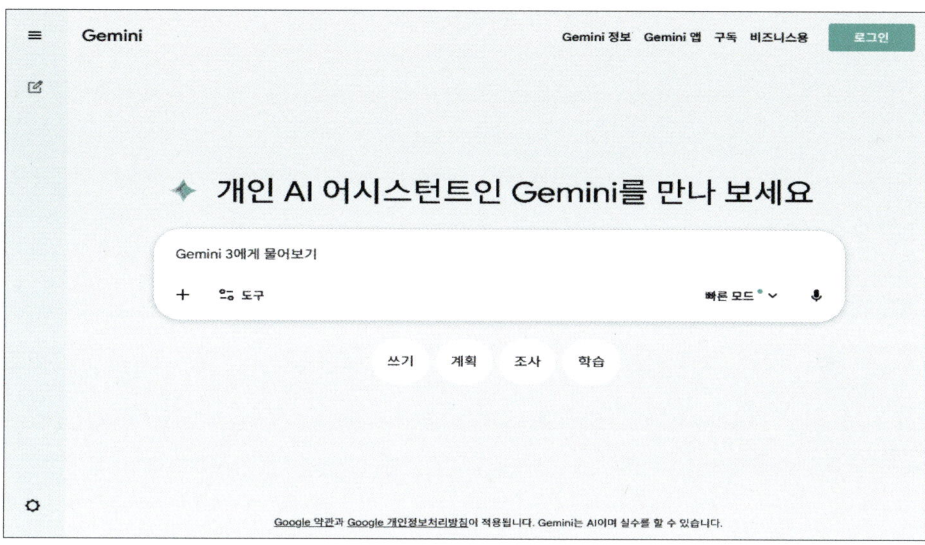

다 앤트로픽(Anthropic)의 클로드 시리즈

현존 최고 수준의 콘텍스트 윈도우(Context Window)를 통해 대용량 문서 처리에 가장 특화되어 있다. 콘텍스트 윈도우란 AI가 한 번에 기억하고 참고할 수 있는 최대 텍스트 범위를 뜻한다.

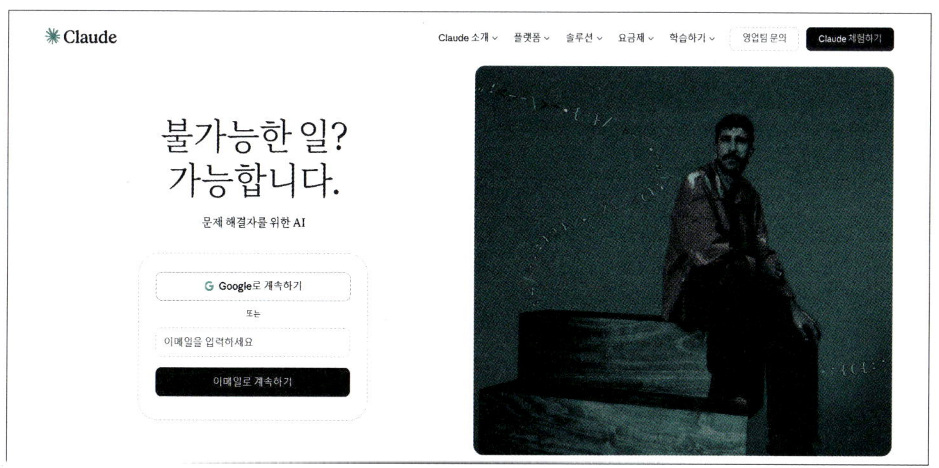

라 네이버의 하이퍼클로바X(HyperCLOVA X)

한국어 및 한국 문화에 대한 이해도가 가장 높다. 국내 기관의 보고서나 한국 문학, 역사와 관련된 업무에 강점을 보인다. 한국의 사회적 맥락과 문화적 뉘앙스를 정확히 파악하여 자연스러운 한국어 콘텐츠를 생성한다.

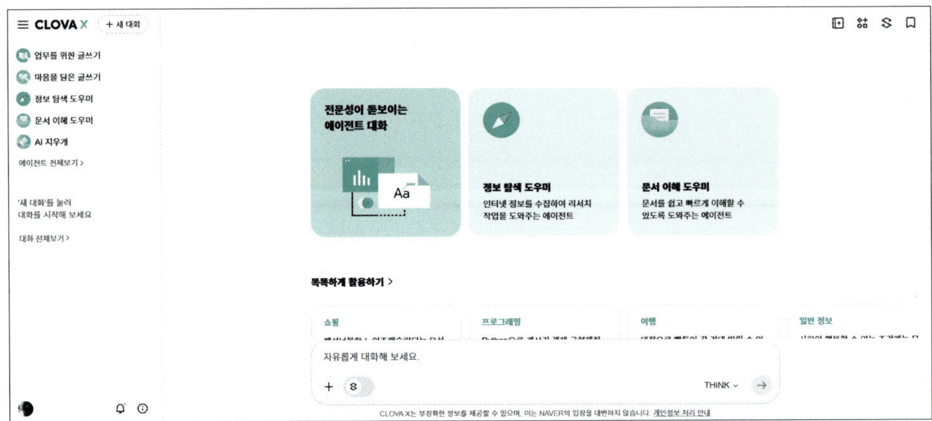

마 퍼플렉시티(Perplextiy)

출처를 명확히 제시하는 데 특화된 정보 탐색 전문 AI다. 답변의 신뢰도를 확보하는 데 가장 효과적이며, 각 정보의 출처 링크를 함께 제공하여 팩트체킹이 용이하다.

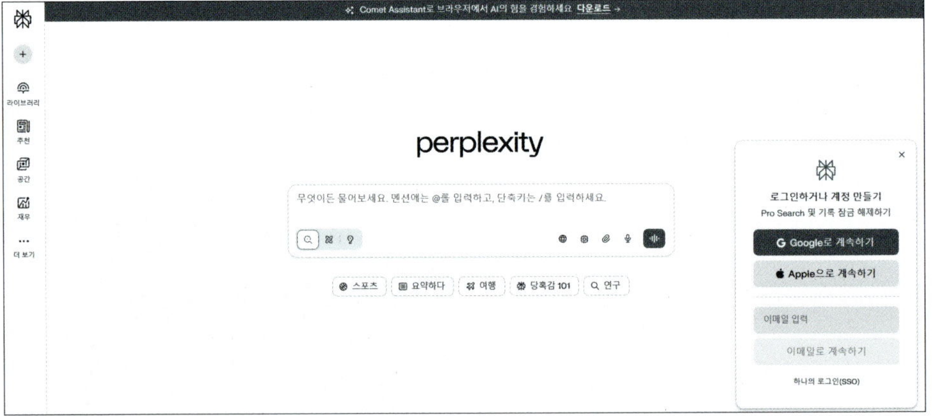

4) 도서관 업무를 혁신하는 5가지 능력

㉮ 압도적인 업무 자동화

각종 문서 작성과 자료 요약 등 단순하고 반복적인 업무를 AI에 위임하면, 남은 시간을 이용자 상담, 프로그램 심화 기획 등 더 본질적이고 창의적인 업무에 투자할 수 있다.

㉯ 초개인화 서비스

이용자의 나이, 독 서 수준, 관심 분야 등 구체적인 조건에 따라 추천 도서 목록이나 맞춤형 학습 자료를 즉시 생성할 수 있다.

물론 이러한 기술이 사서의 세심한 상담을 완전히 대체할 수는 없다. 그러나 상담 과정을 획기적으로 지원함으로써 상담에 필요한 준비 시간을 크게 줄여 준다.

㉰ 아이디어의 무한 확장 지원

파편화된 막연한 아이디어도 AI의 도움을 거치면 시나리오, 대본, 홍보 문구 등으로 빠르게 구체화할 수 있다. AI는 아이디어를 단기간에 실현할 수 있는 콘텐츠로 정리해 주며, 초기 구상 단계의 부담을 술이고 기획의 완성노를 높여 준나.

㉱ 유연한 텍스트 조절

다양한 이용자층을 맞이해야 하는 도서관에서는 전문 용어가 많은 공문을 초등학생 눈높이에 맞게 쉽게 풀거나, 딱딱한 설명문을 부드럽고 친근한 안내문으로 바꿔야 하는 일이 자주 발생한다. 이런 일들도 AI를 활용하면 빠르게 해결할 수 있다.

㉲ 멀티모달 처리 능력

최신 생성형 AI들은 텍스트뿐만 아니라 이미지, 음성, 동영상도 함께 처리할 수 있는데, 이를 멀티모달이라 한다. 도서관에서 받은 손 글씨 질문지를 사진으로 찍어 AI에게 보여 주면 내용을 읽고 답변해 주거나, 책의 삽화를 분석해 내용을 설명해 달라고 요청할 수도 있다.

5) 실전 플랫폼 가이드: 우리 도서관에 맞는 AI 선택하기

다양한 생성형 AI 서비스 중 어떤 것을 선택해야 할지 막막하다면, 아래 표를 통해 도서관의 주요 업무별 추천 플랫폼을 비교해 보자.

플랫폼	주요 특징	도서관 추천 활용처
챗GPT	압도적인 범용성, 뛰어난 추론 능력	- 독서 활동지/퀴즈/토론 논제 생성 - 행사 기획안 및 홍보 문구 작성 - 창의적 글쓰기 지원
제미나이	실시간 웹 검색, 구글 생태계 연동	- 최신 도서/논문 정보 검색 - 구글 워크스페이스 업무 자동화 - 실시간 정보 기반 참고봉사
클로드	대용량 콘텍스트 (긴 글 전문가)	- 책/논문/보고서 통째로 요약 및 분석 - 대량 자료의 심층 분석 - 긴 문서 기반 업무
하이퍼클로바X	한국어/문화 특화, 국내 맥락 이해	- 한국사/문학 관련 자료 생성 - 전통문화 프로그램 기획 - 국내 실정에 맞는 콘텐츠
퍼플렉시티	정확한 출처 제시	- 참고봉사, 정보 리터러시 교육 - 보고서 작성을 위한 자료 조사 - 팩트체킹이 중요한 업무

㉮ 업무별 추천 조합

가) 아이디어 확산, 이미지 제작 등 다양한 업무 처리: 챗GPT(범용성)

나) 문서 작성이 많은 사용자: 클로드(대용량 처리)

다) 연구·분석 업무가 많은 사용자: 퍼플렉시티(출처 확인)

라) 참고봉사가 주 업무인 사용자: 퍼플렉시티(출처 제시) + 제미나이(실시간 검색)

6) 사용 전 반드시 인지해야 할 주요 쟁점

생성형 AI는 강력한 도구이지만 명백한 기술적 한계를 가진다. 안전하고 책임 있는 활용을 위해 다음 쟁점들을 반드시 인지하고 사용해야 한다.

㉮ 보편적인 생성형 AI의 한계

가) 할루시네이션은 AI가 사실이 아닌 정보를 실재하는 것처럼 그럴듯하게 생성하는 현상이다. 특히 구체적인 인명, 연도, 통계, 과학적 사실 등에서 오류 가능성이 높다. 따라서 AI가 생성한 모든 정보는 신뢰할 수 있는 다른 자료를 통해 반드시 교차 검증하는 과정을 거쳐야 한다.

나) 편향성은 AI가 인터넷의 방대한 데이터를 학습하는 과정에서 데이터에 내재된 사회적, 문화적 편견을 그대로 답습하고 재현할 수 있다는 문제다. 그뿐만 아니라 알고리즘 설계 과정에서의 개발자 편향이나 운영사의 왜곡된 정책이 결과물에 반영될 수 있다.

생성된 결과물이 특정 성별, 인종, 국가, 가치관 등에 대해 편향된 시각을 드러내지 않는지 비판적으로 검토한다. 필요시 직접 수정·보완하여 사용해야 한다. 이는 특히 다양성을 존중해야 하는 도서관의 가치와 직결되는 중요한 문제다.

다) 블랙박스 문제란 AI가 어떤 과정을 거쳐 특정 답변에 도달했는지 그 의사결정 과정을 알기 어렵다는 한계를 의미한다. AI의 의사결정 알고리즘은 매우 복잡해, 이용자는 결과물의 근거와 논리적 타당성을 직접 검증하기 어렵고 오류 발생 시 원인을 파악하거나 개선하는 데에도 제약이 있다. 따라서 AI 생성 정보를 활용할 때에는 결과물뿐만 아니라 그 도출 과정의 맥락과 논리를 함께 검토해 신뢰성을 확보할 필요가 있다.

라) 저작권 및 출처 문제란 AI가 학습에 사용한 데이터의 원저작권 정보를 개별적으로 공개하지 않으며, 이용자에게 제시하는 출처 정보가 허위이거나 실존하지 않을 수 있다는 한계를 의미한다. 또한, AI 생성물이 기존 저작물과 유사하거나 일부를 포함할 경우, 이용자가 이를 인지하지 못한 채 원저작자의 권리를 침해할 위험도 존재한다.

따라서 AI 생성물은 업무 효율을 높이기 위한 보조 도구나 아이디어 발굴의 참고 자료로 활용하되, 결과물을 그대로 사용하는 것은 지양해야 한다. 특히 학술적·공식적 자료에서는 AI가 제시한 출처를 그대로 인용하거나, 저작권 검토 없이 생성된 콘텐츠를 공개적으로 활용해서는 안 된다.

🔵 나 학교 도서관에서의 특수 쟁점

학교 도서관의 경우 교육부와 시도교육청에서 AI 교육에 대한 체계적인 가이드라인을 제시하고 있다. 서울시교육청의 '학교급별 생성형 AI 활용 지침(2023)'에서는 교사가 생성형 AI를 교육에 활용하기 전 반드시 생성형 AI의 원리와 한계점을 담은 언어 모델 이해 자료, AI의 윤리적 사용 방법을 필수로 안내하도록 의무화하고 있다.

따라서 학교에서는 AI 도구를 활용한 수업이나 프로그램 진행 전 반드시 그 작동 원리와 한계점을 설명하는 사전 교육을 실시해야 한다.

🔵다 공공도서관에서의 특수 쟁점

공공도서관의 경우 지역사회의 정보 접근성 향상과 시민의 디지털 리터러시 증진에 중점을 둔 접근이 필요하다. 다양한 나이대를 고려한 단계별 AI 교육 프로그램을 운영하여 디지털 격차 해소에 기여해야 한다.

참고봉사 업무에 AI를 활용하되, 정보의 신뢰성 검증 과정을 투명하게 공개하여 시민들이 정보를 올바르게 평가하는 능력을 기를 수 있도록 돕는다. 또한, 지역 문화, 역사 관련 콘텐츠 제작에 AI를 활용하여 다른 지역과 차별화된 특색 있는 서비스를 제공할 수 있다.

이처럼 생성형 AI는 도서관 업무의 효율성을 크게 향상할 수 있는 강력한 도구다. 하지만 그 한계를 명확히 인식하고 책임감 있게 활용할 때만 진정한 가치를 발휘할 수 있다.

AI와 대화하는 기술, 프롬프트 엔지니어링

1) 프롬프트란 무엇인가?

"선생님, 재밌는 책 없어요?"

이 질문을 들었을 때 우리는 어떻게 반응하는가? 단순히 "이 책이 재밌더라" 말하며 아무 책이나 건네주지 않는다. 대신 머릿속에서 빠르게 이런 생각들을 한다.

'이 학생은 몇 학년일까? 평소에 어떤 책을 읽었을까? 지금 기분은 어떨까? 얼마나 두꺼운 책까지 읽을 수 있을까? 생성형 AI와 대화할 때도 같은 일이 일어난다. AI에 건네는 말, 즉 프롬프트(prompt)의 품질에 따라 답변의 품질이 완전히 달라진다.

2) 프롬프트의 원리

프롬프트는 생성형 AI에 특정 작업을 수행하도록 지시하는 입력 텍스트다. 하지만 이것을 단순한 질문이나 명령이라고 생각하면 안 된다. 프롬프트는 AI의 사고 과정을 안내하는 내비게이션 같은 역할을 한다.

좋은 프롬프트와 나쁜 프롬프트의 차이를 예시와 함께 보자.

나쁜 프롬프트: "독서 활동 기획해 줘"

→ AI 반응: '독서 활동'이라는 단어 뒤에 자주 나오는 일반적인 내용들을 조합

→ 결과: 추상적인 답변

좋은 프롬프트: "중학교 1학년 남학생 20명을 대상으로, 한 학기 동안 운영할 독서 동아리 활동을 기획해 줘. 주 1회 50분씩 진행하며, 토론보다는 체험 활동 위주로 구성하고 싶어."

→ AI 반응: 구체적인 조건들이 더 정교한 패턴 매칭을 유도

→ 결과: 정확히 타깃팅된 맞춤형 기획안

3) 효과적인 프롬프트의 조건

가 명확한 역할 설정

AI에 어떤 전문가의 관점에서 답변해 달라고 요청한다. 이렇게 하면 AI가 그 분야의 전문 지식과 어투를 사용해서 답변한다. 역할 설정은 단순히 "전문가"라고 하는 것보다 "10년 경력의 초등학교 사서교사"처럼 구체적으로 할수록 좋다.

또한, 역할 설정은 답변의 톤앤매너도 결정한다. 같은 질문이라도 "엄격한 교장 선생님 관점에서"와 "친근한 사서교사 관점에서"는 완전히 다른 스타일의 답변이 나온다. 따라서 상황에 맞는 적절한 역할을 설정하는 것이 중요하다.

역할 설정 예시:

"당신은 10년 경력의 베테랑 초등학교 사서교사이다."

"당신은 독서교육 프로그램 기획 전문가이다."

나 구체적인 상황 설명

작업을 수행하는 데 필요한 배경 정보를 자세히 제공한다.

상황 설명이 구체적일수록 AI의 답변도 현실적이고 실용적으로 생성된다. 예를 들어, 단순히 "독서 프로그램 만들어 줘"라고 하는 것보다 "농촌 지역 소규모 초등학교에서 전교생 150명을 대상으로 하는 독서 프로그램"이라고 구체화하면, AI는 농촌 지역의 특성과 소규모 학교의 장단점을 고려한 맞춤형 프로그램을 제안할 수 있다.

좋은 상황 설명의 예:
"우리 학교는 농촌 지역의 작은 초등학교로 전교생이 150명이다. 최근 학생들이 스마트폰과 유튜브에 빠져서 책 읽기를 꺼리는 경향이 강해졌다. 가정에서도 아이들의 독서량 감소를 걱정하고 있어서 뭔가 새로운 방법이 필요한 상황이다."

다 정확한 작업 지시

무엇을 해 달라는 것인지 구체적이고 명확하게 표현한다. 모호한 표현은 모호한 결과를 가져온다. 작업 지시에는 목표, 범위, 수준, 방향성이 모두 포함되어야 한다.

작업 지시를 할 때는 동사를 명확히 사용하는 것이 중요하다. "만들어 줘", "해 줘" 같은 모호한 표현보다는 "설계해 줘", "분석해 줘", "비교해 줘", "제안해 줘" 같은 구체적인 동사를 사용해야 한다.

모호한 지시: "독서 프로그램 만들어 줘."
명확한 지시: "초등학교 5~6학년을 대상으로 한 달 동안 운영할
독서 체험 프로그램을 설계해 줘. 주 1회 2시간씩 총 4회 진행하며,
매회 다른 장르의 책을 활용한 체험 활동을 포함해 줘."

라 원하는 결과 형태 명시

결과 형태를 명시하는 것은 업무 효율성과 직결된다. 예를 들어, 회의에서 바로 발표할 수 있는 형태로 결과를 받고 싶다면 "PPT 슬라이드 형식으로, 한 슬라이드당 3~4개 항목으로 정리해 줘"라고 구체적으로 요청해야 한다. 그냥 "정리해 줘"라고 하면 문단 형태의 긴 글이 나와서 다시 가공해야 하는 번거로움이 생긴다.

형식 지정 예시:

"결과는 다음 형식으로 작성해 줘:

1. 프로그램 개요 (목표, 대상, 기간)

2. 회차별 세부 계획 (주제, 활동, 준비물)

3. 필요한 예산과 준비 사항

4. 예상 효과와 평가 방법"

마 제약 조건과 주의 사항

지켜야 할 조건이나 피해야 할 요소를 명시한다. 이렇게 하면 현실적으로 실행 가능한 답변을 받을 수 있다. 제약 조건은 크게 물리적 제약과 정책적 제약으로 나눌 수 있다.

물리적 제약에는 예산, 공간, 인력, 시간, 장비 등이 포함된다. 이런 제약을 미리 명시하지 않으면 AI가 이상적이지만 현실적으로 불가능한 답변을 제시할 수 있다.

정책적 제약에는 학교 규정, 교육과정 연계, 안전 기준, 학부모 동의 등이 포함된다.

제약 조건 예시:

"다음 조건을 반드시 고려해 줘:

 - 예산: 30만 원 이내

 인력: 사서교사 1명과 자원봉사자 2명

 - 공간: 도서관 내부만 사용 가능 (교실 2칸 규모)

 - 안전: 초등학생이 다칠 위험이 없는 활동만"

4) 다양한 프롬프트 엔지니어링 기법

가 생각의 사슬 프롬프팅(Chain of Thought, CoT)

가) 사고 과정을 유도하는 질문의 힘

학생이 문제를 풀고 정답만 말할 때 우리는 "어떻게 풀었는지 설명해 보자"라고 되묻는다. 단순한 정답 확인이 아니라, 그 답에 이르는 사고 과정과 논리적 흐름을 파악하기 위해서다.

생성형 AI와 협업할 때도 마찬가지다. 단순히 "프로그램을 만들어 줘"라고 요청하면 그럴듯한 결과물이 나오긴 하지만, 그 결과가 어떤 판단과 논리에 따라 구성되었는지 파악하기 어렵다.

생각의 사슬 프롬프팅 기법은 이러한 한계를 해결하기 위해 고안된 방식이다. AI가 최종 결과만 출력하는 것이 아니라, 그에 이르는 판단 과정을 단계별로 설명하도록 유도하는 프롬프트 설계 기법이다.

나) 프롬프팅의 핵심 구조

- 단계별 구조화

교육 기획이나 문제 해결을 '현황 분석 → 목표 설정 → 실행 방안 → 평가 계획'과 같이 나누어 AI가 순차적으로 사고하도록 한다.

- 근거 제시 요청

각 단계에서 왜 그런 판단을 했는지를 설명하게 요청한다.

예: "각 단계마다 왜 그렇게 접근했는지 이유도 함께 설명해 줘."

- 중간 점검 기회 제공

전체를 한 번에 생성하기보다는, 2~3단계 단위로 결과를 점검하고 피드백을 반영하며 진행하는 방식이 효과적이다.

다) 실제 적용 예시

생각의 사슬 프롬프팅 예시:

"중학교 도서관에서 운영할 '디지털 시민성' 교육 프로그램을 다음 순서에 따라 단계별로 구성해 줘.

1단계 현재 중학생들의 디지털 기기 이용 현황과 주요 문제점 분석

2단계 이를 바탕으로 한 핵심 교육 목표 3가지 설정

3단계 각 목표에 맞는 구체적 활동 내용과 교수법 제안

4단계 필요한 교육 자료와 준비물 정리

5단계 학습 성과 평가 방법과 피드백 수집 방안 제시

각 단계마다 왜 그렇게 접근했는지, 교육학적 근거도 함께 설명해 줘."

GPT의 답변 (QR코드)

1단계. 중학생 디지털 기기 이용 현황 및 주요 문제점 분석

① 이용 현황 (일반적 경향)

- 스마트폰 보유율 95% 이상
- 하루 평균 3~5시간 이상 사용
- 주 사용 플랫폼: 유튜브, 인스타그램, 틱톡, 카카오톡
- AI 도구 및 생성형 AI 사용 증가
- 온라인 게임 및 커뮤니티 활동 활발

② 주요 문제점

영역	문제 양상
정보 이해	가짜뉴스 구분 어려움, 알고리즘 편향 인식 부족
관계	사이버 괴롭힘, 단체 채팅방 배제·조롱 문화
표현	무분별한 ↓글, 혐오 표현, 개인정보 노출

라) 효과적인 프롬프트 설계 팁

- 학교의 맥락 정보를 함께 제공하면 AI가 더 정확한 결과를 제시할 수 있다.

예: "우리 학교는 농촌 지역 소규모 중학교로, 학생 수는 150명이며 예산은 제한적입니다."

1부
2부
3부

1부 앞서가는 AI가 왜 도서관에 필요할까?

마) 활용 템플릿 예시

수업 설계 프롬프트 템플릿:

"다음 단계에 따라 고등학교 독서 수업을 설계해 줘. 각 단계마다 왜 그렇게 접근했는지, 교육학적 이유도 함께 설명해 줘."

- **1단계** 대상 학생의 특성과 학습 요구 분석
- **2단계** 교육과정(성취 기준)과 연계된 수업 목표 설정
- **3단계** 목표에 부합하는 교수-학습 방법 및 활동 설계
- **4단계** 활동에 필요한 자료 및 도구 준비 방안
- **5단계** 학습 성과를 평가하고 피드백을 수집·반영하는 방안

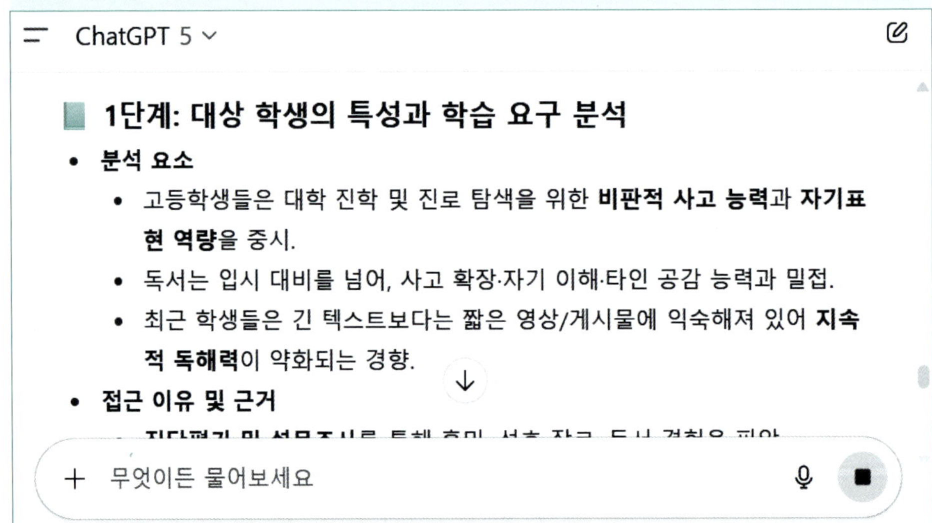

도서관 행사 기획 프롬프트 템플릿:

"다음 단계에 따라 중학생 대상 독서 행사 프로그램을 기획해 줘. 각 단계별 기획 이유와 운영상의 고려 사항도 함께 설명해 줘."

- **1단계** 행사 목적 및 대상 학생의 특성 분석
- **2단계** 프로그램 운영 방식 및 주요 활동 구성
- **3단계** 행사 일정 계획 및 필요한 자원(공간·인력 등) 정리
- **4단계** 예산 확보 및 홍보 전략 설계
- **5단계** 성과 측정 방법과 향후 개선을 위한 환류 방안

🟢 스텝백 프롬프팅(Step-back Prompting)

가) 개념부터 정리하게 하는 사고의 전환

우리는 교육 활동을 설계할 때 '어떻게 할 것인가'보다 '왜 해야 하는가'를 먼저 고민한다. 실행 이전에 개념과 목적이 명확할수록 수업이나 프로그램은 더 설득력 있고 일관성 있게 구성된다.

스텝백 프롬프팅은 이러한 사고 흐름을 생성형 AI에도 적용하는 방식이다. AI에 곧바로 실행 방안을 요청하지 않고, 먼저 개념 성의나 교육적 필요성부터 스스로 정리하게끔 유도하는 프롬프트 설계 기법이다.

나) 프롬프팅의 핵심 구조

- 개념 정의 유도

주제와 관련된 개념이나 용어를 먼저 정의하도록 요청한다.

예: "디지털 시민성이란 무엇인지 정의해 줘."

- 교육적 가치와 필요성 요청

왜 지금 이 교육이 필요한지, 어떤 의미를 가지는지를 먼저 묻는다.

예: "왜 지금 중학생에게 디지털 시민성 교육이 필요한가?"

- 개념 → 실행 구조

개념과 가치 정의를 바탕으로 구체적인 활동이나 실행 방안을 요청한다.

예: "위 내용을 바탕으로 수업 활동을 설계해 줘."

다) 실제 적용 예시

스텝백 프롬프팅 예시:

중학교 2학년 대상 독서 토론 활동을 기획하려고 해. 아래 질문에 순서대로 답해 줘. 각 항목마다 이유나 교육학적 근거도 함께 설명해 줘.

효과적인 독서 토론 활동이란 무엇인가?
독서 토론 교육의 핵심 가치는 무엇인가?
성공적인 토론을 위해 고려해야 할 핵심 요소는 무엇인가?

앞의 내용을 바탕으로 중2 수준에 적합한 활동을 구체적으로 구성해 줘.
이 활동의 학습 효과를 평가하고 피드백을 수집하는 방법에는 어떤 것이 있을까?

GPT의 답변 (QR코드)

---

⑤ **과정 평가 중심 운영**

결과보다 "근거 사용, 경청 태도"를 평가해야 합니다.

◆ **위 내용을 바탕으로 한 중2 독서 토론 활동 구성**

📖 **활동 주제 예시**

청소년 성장소설 또는 선택 갈등이 있는 작품
예: 우정, 정의, 책임, 차별 등의 주제

💡 **활동명: 「선택은 옳았는가?」**

1단계: 사전 활동 (개별)

* 인상 깊은 장면 표시

↓

라) 효과적인 프롬프트 설계 팁

- 사고 흐름을 '왜 → 무엇 → 어떻게'로 배열한다.

  실행보다는 먼저 생각을 정리하도록 유도해야 설득력 있는 계획을 도출할 수 있다.

- 학교나 학생의 상황을 구체적으로 알려 준다.

  예: "토론 경험이 거의 없는 중2 학생을 대상으로 한다."

마) 활용 템플릿 예시

도서관 행사 기획 프롬프트 템플릿:

"학교 도서관에서 진로 독서 프로그램을 운영하려고 해. 아래 질문에 답해 줘."

진로 독서란 무엇인가?

학교 현장에서 진로 독서 프로그램이 필요한 이유는 무엇인가?

이 프로그램의 교육적 목표는 무엇이어야 하는가?

목표에 부합하는 운영 방식과 활동은 어떻게 구성할 수 있는가?

프로그램 종료 후 어떤 방식으로 성과를 평가하고 개선할 수 있는가?

> ⌐● ▢ > ChatGPT 5 ∨　　　　　　　　　　　　　　⌂
>
> 좋은 질문이에요! 학교도서관에서 진로독서 프로그램을 기획할 때 고려해야 할 핵심 요소들을 차례대로 정리해드릴게요.
>
> ### 1. 진로독서란 무엇인가요?
>
> - **정의**: 학생이 자신의 진로 탐색 및 진로 결정 과정에서 독서를 활용하는 활동.
> - **특징**: 단순히 책을 읽는 데서 그치지 않고, 책 속의 경험·사례·가치관을 통해 자기 이해, 직업 세계 이해, 진로 설계 역량을 키우는 독서 활동을 의미함.
>
> \+　무엇이든 물어보세요　　　　　　　　　　🎤　⸽⸽⸽
>
> ChatGPT는 실수를 할 수 있습니다. 중요한 정보는 재차 확인하세요.

수업 설계 프롬프트 템플릿:

"다음 질문에 순서대로 답해 줘. 학교 도서관에서 고등학생 대상 글쓰기 수업을 설계하려고 해. 각 항목마다 개념 정의, 교육적 의의, 설계 이유를 함께 제시해 줘."

글쓰기 교육이란 무엇인가?

고등학생에게 글쓰기 교육이 필요한 이유는 무엇인가?

이를 바탕으로 수업 목표를 설정한다면 어떤 내용이 적절할까?

수업 목표에 부합하는 활동은 어떻게 구성할 수 있을까?

수업의 학습 효과는 어떤 방식으로 평가하고 피드백할 수 있을까?

─ 🗀 > ChatGPT 5 ∨

좋은 요청이에요! 질문별로 **개념 정의** → **교육적 의의** → **설계 이유** 구조에 맞춰 정리해드릴게요.

1. 글쓰기 교육이란 무엇인가요?

- **개념 정의**: 글쓰기 교육은 사고를 언어로 조직하고 표현하는 능력을 기르는 교육으로, 단순한 작문 기술 습득을 넘어 비판적·창의적 사고, 의사소통 능력, 자기 성찰을 가능하게 하는 활동입니다 ↓
- **교육적 의의**: 학생들이 독서와 학습을 통해 얻은 지식과 경험을 논리적·창의적

＋ 무엇이든 물어보세요    

ChatGPT는 실수를 할 수 있습니다. 중요한 정보는 재차 확인하세요.

🔵 다 역할 프롬프팅(Role Prompting)

가) 역할을 부여하면 응답이 달라진다

생성형 AI는 기본적으로 중립적이고 범용적인 응답을 생성하도록 설계되어 있다. 하지만 실제 교육이나 도서관 현장에서 필요한 응답은 상황과 대상에 따라 말투, 시선, 전문성의 깊이가 달라진다.

이 방식은 도서관 운영, 진로 상담, 독서 지도 등 다양한 상황에서 실제 구성원의 입장에서 고민하고 말하는 듯한 응답을 이끌어 낼 수 있어 활용도가 매우 높다.

나) 프롬프팅의 핵심 구조

- 명확한 역할 설정

AI가 수행할 역할을 구체적으로 설정한다.

예: "당신은 15년 차 중학교 사서교사이다."

- 상황과 대상 제시

역할뿐 아니라 누구에게 말하는지, 어떤 맥락인지 함께 알려 준다.

예: "신임 사서교사에게 업무 노하우를 알려 줘."

- 말투·형식 요청

전달 방식도 함께 지정하면 더 자연스럽고 활용할 수 있는 결과를 얻을 수 있다.

예: "구어체로 조언해 줘.", "보고서 형식으로 정리해 줘."

다) 실제 적용 예시

역할 프롬프팅 예시:

"당신은 20년 차 고등학교 사서교사이다. 신임 사서교사에게 도서관 운영의 핵심 노하우를 전수하는 마음으로 아래 항목에 대해 조언해 줘. 각 항목마다 경험담이나 실수 사례가 있다면 함께 소개해 줘."

GPT의 답변 (QR코드)

도서관을 어려워하는 학생과 어떻게 소통하면 좋을까?
책을 읽기 싫어하는 학생을 어떻게 도서관 활동에 이끌 수 있을까?
소란스러운 분위기를 어떻게 조율했는가? 도서관 규칙을 지키지 않는 학생에겐 어떻게 대응했는가?
가장 보람 있었던 순간은 언제였는지, 그 경험을 공유해 줘.

---

2 책을 싫어하는 학생을 어떻게 이끌까?

✔ 핵심: "독서가 아니라 '참여'를 먼저"

책을 싫어하는 학생에게
"이 책 재밌어."는 통하지 않습니다.

대신 저는 이렇게 했어요.

- 책 대신 **보드게임 행사**
- MBTI 북큐레이션
- "영화 원작 소설 찾기"
- 웹툰 원작 소설 전시
- AI 추천 도서 이벤트

처음엔 책을 안 읽어도 괜찮아요.
도서관을 '자기 공간'으로 느끼게 하는 게 먼저입니다.

라) 활용 템플릿 예시

협력수업 조언 프롬프트 템플릿:

"당신은 독서교육에 전문성을 가진 15년차 사서교사이다. 신규 교사가 도서관과 협력수업을 처음 시도하려고 할 때, 실무적인 조언을 해줘. 말투는 친절하고 조언하는 느낌으로 작성해 줘."

도서관 협력수업을 왜 하는 것이 좋을까?

어떤 주제로 협력수업을 기획하면 좋을까?

수업을 기획할 때 유의해야 할 점은 무엇인가?

협력수업에서 사서교사와 교사의 역할은 어떻게 나뉘면 좋을까?

가장 보람 있었던 협력수업 사례가 있다면 공유해 줘.

≡ 📁 ＞ ChatGPT 5 ∨   ✐

협력수업 조언

안녕하세요. 저는 독서교육을 중심으로 15년간 도서관에서 학생들과 함께 호흡해 온 사서교사입니다. 도서관 협력수업을 처음 시도하신다니 정말 반가운 소식이에요. 몇 가지 실무적인 조언을 드려볼게요.

1. 도서관 협력수업을 왜 하는 것이 좋을까요?
도서관 협력수업은 교과수업이 가진 학문적 지식과 도서관이 가진 풍부한 자료, 탐구 경험을 연결해 줄 수 있습니다. 학생, 책을 단순히 읽는 데 그치지 않고, 교과와 연결해 생각을 확장하고 표현하는 경험을 할 수 있지요. 무엇보다 교사와 사서

＋ 무엇이든 물어보세요    

ChatGPT는 실수를 할 수 있습니다. 중요한 정보는 재차 확인하세요.

도서관 안내 프롬프트 템플릿:

"당신은 중학교 도서관에서 10년 이상 일한 사서교사이다. 도서관에 처음 오는 중학생에게 아래 주제에 대해 따뜻하고 친근한 말투로 설명해 줘."

학교 도서관은 어떤 공간인가?

도서관에서 어떤 활동을 할 수 있는가?

책을 잘 고르는 방법이 있을까?

책을 늦게 반납하면 어떻게 되는가?

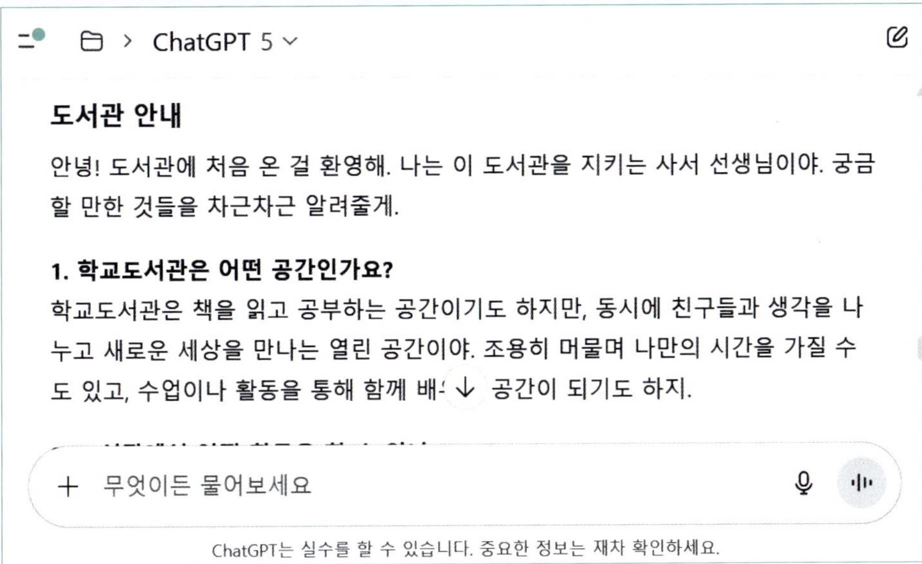

역할 프롬프팅은 생성형 AI가 특정 인물의 시선과 목소리를 입고 말하게 하는 도구다. AI에 '누가 말하는가'를 정해 주는 것만으로도 그 응답의 공감력과 설득력이 달라진다.

3장

생성형 AI 윤리와 저작권

1) 생성형 AI와 저작권 문제

가 생성형 AI 결과물의 저작권

생성형 AI가 만들어 낸 텍스트, 이미지, 음악 등 창작물에 대한 저작권 인정 여부는 전 세계적으로 뜨거운 논쟁거리이다. 현행 저작권법은 '인간의 사상 또는 감정이 표현된 창작물'만을 저작물로 인정한다. 즉 AI가 자동으로 생성한 결과물은 저작권 보호 대상이 아니다. AI가 학습 과정에서 원저작자의 동의 없이 저작물을 활용하거나, 기존 저작물과 실질적으로 유사할 경우 저작권 침해 문제가 발생할 수 있다.

최근 미국과 유럽 등에서는 인간의 창작적 개입이 명확한 경우에만 저작권을 일부 인정하는 방향으로 정책을 세우고 있다. 또한, AI 개발 기업이 데이터 학습 자료의 저작권 현황을 투명하게 공개하도록 요구하는 규제도 강화되고 있다.

나 생성물 출처 표기 방법

생성형 AI를 이용하여 창작물을 제작할 때는 창작물에 대한 법적 분쟁 및 논란을 예방하기 위해 출처와 사용 과정을 명확하게 제시해야 한다. 이에 전라북도교육청(2025)에서 안내하는 생성형 AI 출처 표기 방법은 다음과 같다.

출처 표기 원칙

- 기본 형식: 생성형 AI 이름(생성 날짜). "질문(프롬프트) 입력 내용"
- 날짜는 생성된 연-월-일(YYYY-MM-DD) 형식으로 작성
- 질문 내용은 간략하되 의미가 명확하게 전달되도록 서술

텍스트 저작물 출처 표기 방법

- 작성 위치
- 논문, 보고서 발표 자료 등에 각주(footnote) 또는 본문 내 괄호 표기, 혹은 참고문헌 목록에서 표기할 수 있음.

예시

❶ 각주 형식:

　　…에 대한 설명은 생성형 AI를 통해 얻었다.[1]

[1] 챗GPT 4o(2025-06-15). "생성형 AI 텍스트 저작물에 대한 출처 표기 방법 알려줘."

❷ 본문 괄호 표기:

　　…으로 설명할 수 있다 (챗GPT 4o, 2025-06-15. "생성형 AI 텍스드 저작물에 대한 출처 표기 방법 알려줘").

❸ 참고문헌 형식:

　　챗GPT 4o(2025-06-15). "생성형 AI 텍스트 저작물에 대한 출처 표기 방법 알려줘."

나 APA 양식 인용 예시

이 밖에도 생성형 AI가 생성한 텍스트를 논문이나 과제물에 활용할 때는, 법적 분쟁과 논란을 예방하고 학술적인 신뢰성을 높이기 위해 출처와 사용 과정을 명확하게 표기해야 한다. 이에 따라 미국심리학회(American Psychological Association)의 APA 양식으로 출처를 표기하는 방법을 다음과 같이 소개한다.

<u>항목별 설명</u>

❶ 저자(Author): AI 모델을 개발한 회사 이름을 기재

❷ 연도(Date): 사용한 모델의 버전 연도

❸ 제목(Title): 사용한 AI 모델의 이름(예: 챗GPT)을 이탤릭체로 표기, 괄호 안에
구체적인 버전 정보를 명시

❹ 출처(Source): AI 모델 개발사의 이름과 함께 일반적인 URL을 제공

<u>참고문헌</u>

- APA 기본 형식:

AI 개발 회사명. (연도). *사용한 AI 모델 이름* (버전 정보) [Large
language model]. URL

- 예시(챗GPT):

OpenAI. (2025). *ChatGPT* (Mar 14 version) [Large language
model]. https://chat.openai.com/chat

<u>본문 내 인용</u>

본문에서는 괄호를 사용하여 '저자'와 '연도'를 표기
- 예시: 괄호 인용: (OpenAI, 2025)
　　　서술 인용: OpenAI (2025)

논문이나 과제물에 AI가 생성한 텍스트를 인용한 경우, 독자가 직접 확인할 수
있도록 부록에 AI에서 입력했던 프롬프트 전문과 AI가 생성한 답변 전문을 함께
첨부하는 것을 권장하고 있다.

2) 도서관 현장에서의 책임 있는 활용

가 AI 윤리 교육의 필요성

AI 윤리 교육은 기술 습득을 넘어, AI가 인간의 삶에 미치는 영향을 이해하고, 부정적 영향은 최소화하는 데 목적이 있다. 기술 오작동, 가짜뉴스, 딥페이크 등 사회적 문제가 커지는 만큼 윤리적 역량을 갖추는 것은 필수이다. 이러한 변화 속에서 도서관은 단순한 정보 제공 기관을 넘어 AI 윤리 교육의 거점이자 학생들의 디지털 소양을 키우는 공간으로 기능해야 한다.

나 도서관의 AI 윤리 원칙

가) 국외 AI 윤리 기준

유네스코(2021)가 채택한 「인공지능 윤리 권고(Recommendation on the Ethics of Artificial Intelligence)」는 AI 윤리에 대한 최초의 글로벌 규범적 문서이며, 모든 회원국이 AI 개발 및 배포 과정에서 준수해야 할 가치와 원칙을 제시한다. 이 권고는 교육 분야를 포함한 모든 AI 활용 영역에 적용될 수 있다.

- 주요 원칙

유네스코는 다음 10가지 핵심 원칙을 제시했다.

1	비례성 및 무해성 원칙(Principle of Proportionality and Harmlessness)
	AI 시스템은 예상되는 이점이 잠재적 위험을 능가해야 하며, 인간의 권리를 해치지 않아야 한다.
2	안전 및 보안 원칙(Principle of Safety and Security)
	AI 시스템은 안전하게 작동하고 예상치 못한 결과를 피하며, 사이버 보안 위협으로부터 보호되어야 한다.
3	공정성 및 비차별 원칙(Principle of Fairness and Non-Discrimination)
	AI 시스템은 공정하게 작동하고 편향을 줄이며, 모든 사람에게 공평한 기회를 제공해야 한다.
4	지속 가능성 원칙(Principle of Sustainability)
	AI 시스템의 개발 및 사용은 환경, 사회, 경제적 지속 가능성에 기여해야 한다.
5	프라이버시 및 데이터 보호 원칙(Principle of Privacy and Data Protection)
	개인 데이터는 엄격하게 보호되어야 히며, 데이터 수집 및 사용은 투명하고 동의 하에 이루어져야 한다.

6	인간 감독 및 결정 원칙(Principle of Human Oversight and Determination)
	AI 시스템은 항상 인간의 의미 있는 감독을 받아야 하며, 궁극적인 결정권은 인간에게 있어야 한다.
7	투명성 및 설명 가능성 원칙(Principle of Transparency and Explainability)
	AI 시스템의 작동 방식과 의사결정 과정은 이해할 수 있고 투명하게 설명될 수 있어야 한다.
8	책임성 및 책임 귀속 원칙(Principle of Accountability and Redress)
	AI 시스템으로 인해 발생하는 결과에 대한 책임은 명확하게 귀속되어야 하며, 피해를 입은 경우 구제 수단이 제공되어야 한다.
9	포괄성 및 다양성 원칙 (Principle of Inclusivity and Diversity)
	AI 시스템은 다양한 배경을 가진 모든 사람에게 접근할 수 있고 포괄적이어야 하며, 문화적 다양성을 반영해야 한다.
10	환경 및 생태계 원칙 (Principle ofiveness and Ecosystems)
	AI 시스템의 개발 및 사용은 환경 보호와 생태계의 지속 가능성에 긍정적인 영향을 미쳐야 한다.

– 교육 및 연구 분야에서의 생성형 AI 지침

유네스코는 2023년 「교육 및 연구를 위한 생성형 AI 가이드라인(Guidance for generative AI in education and research)」을 추가로 발표하여, 교육 현장에서 생성형 AI를 책임감 있게 통합 및 관리하고자 다음과 같이 핵심 권고 사항을 제시했다.

1	국가적 지침 마련의 지원
	각 국가는 생성형 AI의 교육적 활용에 대한 명확한 지침과 규정을 마련해야 한다. → 도서관은 이러한 국가적 지침을 해석하고 학교 현장에 적용하는 역할을 담당한다.
2	AI 리터러시 교육
	교사, 학생, 학부모 등 모든 교육 공동체 구성원에게 생성형 AI의 작동 방식, 잠재력, 한계 및 윤리적 고려 사항에 대한 AI 리터러시 교육을 제공해야 한다. → 도서관은 AI 리터러시 교육 프로그램을 개발하고 운영하는 중심이 될 수 있다.
3	데이터 프라이버시 및 보안
	교육 데이터의 수집, 저장, 사용에 있어 학생들의 프라이버시와 데이터 보안을 최우선으로 해야 한다. → 도서관은 AI 도구 사용 시 개인정보 보호에 대한 지침을 명확히 전달해야 한다.
4	편향성 및 허위 정보 대응
	생성형 AI가 생성할 수 있는 편향된 정보나 허위 정보에 대한 비판적 사고 능력을 함양해야 한다. → 도서관은 팩트체크 도구 및 정보의 신뢰성을 평가하는 방법을 교육해야 한다.

5	학업의 공정성 및 표절
	생성형 AI가 학업에 미칠 수 있는 영향(예: 표절)을 고려하여 학습 평가 방식과 윤리 규정을 재검토해야 한다. → 도서관은 AI 활용 가이드라인을 제공하고, 올바른 인용 및 출처 표기법 교육을 강화해야 한다.
6	교사의 역할 강화
	생성형 AI는 교사의 역할을 대체하는 것이 아니라, 교사의 전문성을 강화하고 학습 경험을 개인화하는 도구로 활용되어야 한다. → 도서관은 교사들이 생성형 AI를 교육적으로 활용할 수 있도록 연수와 자료를 지원해야 한다.
7	지속적인 연구 및 모니터링
	생성형 AI 기술의 변화에 발맞춰 지속적인 연구와 모니터링을 통해 교육 정책 및 실제 활용 방안을 업데이트해야 한다. → 도서관은 AI 관련 최신 정보와 연구 동향을 수집하고 공유하는 역할을 수행한다.

나) 국내 AI 윤리 기준

국내 과학기술정보통신부(2022)는 사람이 중심이 되는 AI 윤리 기준을 바탕으로 교육 분야의 인공지능 원리 원칙을 제시했다.

- 대원칙

사람의 성장을 지원하는 인공지능
"인공지능을 통해 우리가 더 상장할 수 있도록 해주세요."
교육 분야의 인공지능은 사람의 전 생애에 걸쳐 전인적 성장을 최고 가치로 삼으며, 인격을 존중하고 개성을 중시하여 사람의 능력이 효과적으로 발휘될 수 있도록 제공되어야 한다.

- 10대 세부 원칙

1	인간 성장의 잠재성을 이끌어 낸다.
	도서관 적용: 생성형 AI를 활용한 개인 맞춤형 학습 자료 추천, 창의적 글쓰기 활동 지원, 비판적 사고 훈련 프로그램 등을 운영하여 학생들의 잠재력 발현을 돕는다.
2	학습자의 주도성과 다양성을 보장한다.
	도서관 적용: 학생들이 생성형 AI 도구를 자율적으로 탐색하고, 자신의 학습 속도와 방식에 맞춰 활용할 수 있도록 안내하며, 다양한 배경의 학습자들이 AI 교육에 소외되지 않도록 지원한다.

3	교수자의 전문성을 존중한다.
	도서관 적용: 교사들이 생성형 AI를 수업에 효과적으로 통합할 수 있도록 관련 연수 프로그램을 제공하고, AI 기반 교수 학습 자료 개발을 지원하여 교사의 전문성을 강화한다.
4	교육 당사자 간의 관계를 공고히 유지한다.
	도서관 적용: AI를 활용한 협력 학습 및 토론 활동을 촉진하고, AI가 인간관계를 단절시키는 것이 아니라 보조하는 도구임을 강조하는 교육을 한다.
5	교육의 기회균등과 공정성을 보장한다.
	도서관 적용: AI 교육 접근성을 높이기 위해 관련 장비와 소프트웨어 등 환경적 요소를 갖추고, 디지털 격차 해소를 위한 특별 프로그램을 운영하여 소외 계층 학생들도 AI 윤리 교육에 참여하도록 지원한다.
6	교육 공동체의 연대와 협력을 강화한다.
	도서관 적용: 지역사회, 관련 기관, 대학 등과 연계하여 AI 윤리 관련 특강, 캠페인, 공동 연구 등을 진행하여 교육 공동체의 협력을 강화한다.
7	사회 공공성 증진에 기여한다.
	도서관 적용: 생성형 AI를 활용하여 사회 문제 해결을 위한 아이디어를 도출하거나, 윤리적 딜레마를 분석하는 프로젝트 학습을 지원하여 학생들이 공익 증진에 기여하는 민주 시민으로 성장하도록 돕는다.
8	교육 당사자의 안전을 보장한다.
	도서관 적용: 생성형 AI 사용 시 발생할 수 있는 유해 콘텐츠 노출, 개인정보 유출 등의 위험을 사전에 교육하고, 안전한 사용 가이드라인을 제시하며, 문제가 발생했을 때의 보고 및 처리 절차를 명확히 안내한다.
9	데이터 처리의 투명성 보장하고 설명할 수 있어야 한다.
	도서관 적용: AI 서비스 이용 시 데이터 수집 및 활용 방침에 대해 학생들이 이해하기 쉽게 설명하고, AI가 생성한 결과물의 근거(데이터, 알고리즘)에 대해 비판적으로 질문하고 분석하는 교육을 한다.
10	데이터를 합목적적으로 활용하고 프라이버시를 보호한다.
	도서관 적용: AI 도구 사용 시 불필요한 개인정보 입력 자제, 익명화된 데이터 활용의 중요성, 개인 정보 유출 시 대처 방안 등을 교육하고, 학생들이 자신의 디지털 발자국과 프라이버시를 스스로 관리할 수 있도록 지도한다.

3) 생성형 AI를 활용한 수업 준비

가 학생 개인정보 보호와 나이 제한

학교 현장에서는 생성형 AI 활용 시, 학교운영위원회 심의 및 학기 초 가정통신문을 통해 나이 제한, 개인정보 보호, 사용 시 유의 사항을 안내하고 학부모 동의서를 수합하는 절차가 필수적이다. 생성형 AI 서비스는 대부분 만 13세 또는 14세 이상부터 사용이 허용되고, 그 미만의 어린이·청소년은 원칙적으로 사용이 제한된다. 그 이유는 다음과 같다.

가) 개인정보 보호

첫째, 개인정보 보호 때문이다. 법적으로 미성년자의 개인정보는 더욱 엄격히 보호되어야 하며, 국내에서는 AI 서비스 이용 약관과 각 시도교육청 지침에 따라 만 13세 또는 14세 미만은 직접 서비스를 사용할 수 없도록 규정하고 있다.

다) 부적절한 콘텐츠 노출 및 위험성

둘째, 부적절한 콘텐츠 노출 및 위험성이 있기 때문이다. 생성형 AI는 사용자의 입력에 따라 실시간으로 다양한 답변과 결과물을 생성한다. 이 과정에서 선정성, 폭력성, 편향, 부정확한 정보, 저작권 침해 등 미성년자에게 부적절하거나 유해한 콘텐츠가 노출될 수 있다. 또한, AI가 실제와 다른 허위 정보를 마치 사실처럼 제시하는 환각(Hallucination) 현상을 보이거나, 어린이가 AI와의 상호작용에 과도하게 몰입하는 등의 심리적·정서적 위험이 발생할 수 있다.

라) 저작권 및 윤리 문제 발생 우려

셋째, 저작권 및 윤리 문제가 발생할 수 있기 때문이다. 생성형 AI는 기존의 텍스트, 이미지, 음악 등을 다양한 자료를 학습하여 결과물을 만드는데, 어린이·청소년이 저작권 개념을 충분히 이해하지 못한 상태에서 AI를 활용할 경우 타인의 저작물을 무단으로 사용하는 등 저작권 침해가 발생할 수 있다. 또한, 미성년자의 경우 AI가 제공하는 정보의 진위, 적합성, 윤리적 문제를 스스로 판단하고 대처하는 능력이 충분히 발달하지 않았기 때문에 보호자의 지도와 동의가 필요하다.

나 생성형 AI를 활용한 수업 준비

생성형 AI는 교사의 수업 준비와 교육 현장에 혁신적인 변화를 불러오고 있다. 서울특별시교육청의 「학교급별 생성형 AI 활용 지침(2023)」에 따르면, 초중고 공통적으로 생성형 AI 원리와 한계점, AI의 윤리적 사용에 대한 학생 교육이 필수적이며, 약관을 통해 사용할 수 있는 나이를 확인하여야 한다. 학교급별 생성형 AI 수업 준비 시, 지침 사항은 다음과 같다.

가) 초등학교 (만 6세~12세)

교사가 주도적으로 생성형 AI를 활용하며, 교사 시연이 중심이 된다. 학생이 직접 AI를 체험하는 경우는 나이에 맞는 서비스만 허용하되, 반드시 사전에 학부모 동의를 받아야 한다. 교사는 생성형 AI 산출물의 안전성을 추가적으로 점검하며, 스마트 기기 보관 방법이나 스마트 기기 사용 기본예절 등인 디지털 예절을 안내해야 한다. 실제로 초등학교에서 사용할 수 있는 생성형 AI는 뤼튼(Wrtn)이나 캔바(Canva)로 제한적이다.

나) 중학교 (만 13세~15세)

교사의 지도하에 학생이 직접 생성형 AI를 활용할 수 있다. 단, 서비스 약관상 나이 제한이 있으면 초등학교 지침을 적용하고, 필요한 경우 학부모 동의를 받아야 한다. 수업 설계 시 학생의 AI 이해도와 디지털 리터러시 수준을 고려해야 한다.

다) 고등학교 (만 15세~18세)

학생이 교사의 지도하에 생성형 AI를 직접 활용하며, 프로젝트 등에서 AI를 보조교사로 활용할 수 있다. 역시 서비스 약관과 개인정보 보호법을 준수하며, 보호자 동의가 필요한 경우 사전에 동의를 받아야 한다.

특히, 초·중등 교육 현장에서는 학생 개인정보 보호와 윤리적 사용을 위해 가정통신문을 통해 나이 제한과 유의 사항을 안내하고, 학부모(법정대리인) 동의서를 수합하는 절차가 필수적이다. 이와 관련하여 각 시도교육청에서는 아래 그림과 같이 가정통신문 예시 양식을 제시하고 있다.

부록 2. [이용동의서 예시]

	생성형 AI 활용 안내 수업 활용을 위한 학부모 동의서	담당자 ○○○ ☎○○○—○○○○

「생성형 AI」은 대화형 인터페이스를 사용하여 사용자와 정보를 주고받는 인공지능 기반 프로그램으로 ChatGPT, Bard, 하이퍼클로바 X, 뤼튼(Wrtn) 등이 있습니다. 이러한 서비스는 기본적으로 18세 이상부터 이용할 수 있으나, 법적 보호자 동의가 있는 경우 13세 이상 18세 미만 사용자도 사용할 수 있습니다. 따라서 정보통신망법 「개인정보보호법」 제15조, 제1항 제1호, 제22조 6항에 따라 수집하는 개인정보, 목적을 확인하고 「위치정보법」 제24조, 제25조에 따른 위치정보 전송을 확인한 뒤 「생성형 AI」 활용 교육활동에 대한 동의를 얻고자 합니다.

■ 생성형 AI 연령 제한 안내(예시)

챗지피티(ChatGPT)	바드(Bard)
- 만 13세 미만: 사용 제한 - 만 13세 이상~18세 미만: 부모 혹은 법적 보호자의 동의하에 사용 가능 - 만 18세 이상: 회원 가입 및 사용 가능	- 만 14세 이상 사용 가능
하이퍼클로바 X	뤼튼(Wrtn), 아숙업(ASKUP)
- 만 19세 사용 이용 가능	- 만 14세 이상 사용 가능 - 만 14세 미만은 부모나 법적 보호자의 동의 필요

※ 2023년 10월 기준. 각 생성형 AI 이용약관에 따라 이용 가능 연령이 변경될 수 있습니다.

--------------------------------- 절 취 선 ---------------------------------

개인정보 수집·이용·제공에 관한 동의서

업무명	개인정보 수집·이용 동의		
생성형 AI 활용 교육	1. 수집 이용 목적 - 「생성형 AI」 서비스 제공 및 관리·유지, 활용 교육실시, 개선 및 분석, 연구 수행, 프로그램 - 「생성형 AI」 서비스 개발, 범죄 활동 또는 오용 방지, 보안 강화 등 2. 수집 항목 - 로그인 시 사용하는 계정 정보(성명, 소속, 학년, 전화번호 등) - 「생성형 AI」 사용 시 입력하는 내용과 업로드 파일 등 - 로그 및 사용 데이터, 장치 정보, 쿠키 등 3. 개인정보 보유 및 이용 기한 - 2023학년도 교육과정 종료 이후 즉시 파기 4. 개인정보 수집이나 「생성형 AI」 활용 교육에 동의하지 않을 시 「생성형 AI」을 활용한 교육활동에 참여할 수 없습니다. 개인정보 수집·이용 및 「생성형 AI」 활용 교육 동의 □ 예 □ 아니요		
자녀	이름		(서명)
	학교명/학년/반	○○○○학교 ○학년 ○반	
보호자	보호자(법적대리인) 성명(필수)		(서명)
	신청인과의 관계(필수)		

년   월   일
○○○○○○ 귀하

4) 윤리적 관점에서 바라본 AI의 가능성과 한계

가 AI와 도서관 그리고 사서라는 직업

한때 사서는 미래에 기계로 대체될 수 있는 대표적인 직업으로 꼽혔다. 실제로 요즘 도서관을 방문하면 가장 먼저 눈에 띄는 것은 키오스크형 자동대출 반납기, 무인반납기, 추천 도서 시스템 등 자동화 설비이다. 이제 대출 반납 등 단순 반복 업무부터 이미 상당 부분 기계의 도움을 받고 있다.

하지만 도서관 현장에서 사서의 역할은 단순히 대출·반납을 넘어 훨씬 더 창의적이고 전문적인 방향으로 진화하고 있다. 독서 프로그램 기획, 정보 활용 교육, 지역사회와의 연계, 데이터 분석 기반의 도서관 통계 분석, 다양한 문화 행사 운영 등 기계가 쉽게 대체할 수 없는 업무가 점점 늘어나고 있다.

나 AI의 가능성: 자동화와 전문성의 동시 강화

AI 도입의 가장 큰 이점은 업무 자동화이다. 이를 통해 절약한 시간으로 사서는 창의적이고 고차원적인 업무에 집중할 수 있다. AI는 데이터 기반 독서 프로그램 설계, 이용자 맞춤형 서비스 등을 지원하는 강력한 조력자가 되어 사서의 전문성를 높여 줄 수 있다.

다 AI의 한계와 윤리적 쟁점

AI의 발전이 항상 긍정적인 변화만 가져오지는 않는다. 정교한 허위 정보와 조작 영상을 양산하여 정보의 신뢰성에 대한 근본적인 의문을 제기한다. 특히 AI가 생성한 부정확하거나 편향된 정보가 도서관의 지식 체계에 섞여 들어올 경우, 정확한 정보를 제공해야 하는 도서관의 사명이 위협받을 수 있다.

따라서 도서관은 이용자가 AI 정보를 비판적으로 평가하고 알고리즘의 편향성을 이해하도록 돕는 AI 리터러시 교육을 강화해야 한다.

다음 장에서는 구체적으로 생성형 AI를 활용한 수업 사례를 살펴보고자 한다.

2

챗GPT로 독서 수업하기

1장
챗GPT로 AI
윤리 수업하기

2장
챗GPT로 독후 내용
구조화하기
(달리, 제미나이)

3장
챗GPT와
함께 글쓰기

4장
책 속 인물과
토론하기
(패들렛)

5장
독서 팟캐스트
만들기
(노트북 LM,
수노 AI)

6장
챗GPT로 카드뉴스
수업하기
(캔바, 미리캔버스
미리클)

1장

챗GPT로 AI 윤리 수업하기

1) AI 윤리, 왜 지금 우리에게 필요한가?

AI가 똑똑해질수록 그 이면의 위험성에 대한 고민도 깊어진다. 과거 산업혁명의 기술 변화가 사회에 큰 파장을 일으켰듯 AI 역시 일자리 대체, 개인정보 침해, 정보 편향 등 새로운 윤리적 과제를 던지고 있다.

AI 윤리는 단순히 기술의 부작용을 막기 위한 규칙이 아니라 인간다운 사회를 지키는 최소한의 안전장치이다. 생성형 AI가 만들어 낸 정보를 무조건 신뢰하기보다는 비판적으로 검증하고, 스스로 의심하는 능력, 즉 AI 리터러시가 그 어느 때보다 중요해졌다. 챗GPT를 활용한 AI 윤리 수업은 학생들이 AI 시대에 꼭 필요한 비판적 사고력과 윤리적 감수성을 기르는 데 효과적이다.

학생들은 AI와 직접 대화하며 기술의 이점과 한계를 몸소 체험하고, 실시간으로 윤리적 딜레마를 시뮬레이션하며 수업에 능동적으로 참여할 수 있다. 특히 AI의 답변 속에 숨은 편향성이나 부정확함을 직접 확인하는 과정은 AI 리터러시를 함양하는 실전 연습이 된다.

앞으로의 사회에서 AI 리터러시와 AI 윤리는 모두가 갖추어야 할 필수 역량이다. 실제 수업에서는 문제 중심 학습, 토론, 프로젝트 활용 등을 통해 학생들이 AI를 올바르게 이해하고, 윤리적으로 활용할 수 있도록 최근 시사 이슈와 연계하여 어떻게 끌어 나갈 수 있는지 알아보자.

2) AI 생성 정보 비판·검증하기

가 가짜 뉴스 용어 사용을 피하는 이유

최근 해외 각국과 영국 정부는 가짜 뉴스(Fake news)라는 용어 사용을 공식적으로 피하고 있다.

가짜 뉴스라는 말은 너무 포괄적이고 모호하다. 영국 의회 보고서에 따르면, 이 용어는 진짜 오류에서부터 악의적 조작, 외국의 민주주의 개입까지 매우 다양한 현상을 한꺼번에 지칭한다. 이에 영국 정보는 2018년 공식 문서에서 가짜뉴스라는 용어를 더 이상 사용하지 않기로 하고, 대신 허위 조작 정보(disinformation)와 오정보(misinformation)를 구분하여 사용하기를 권고하였다. 두 용어의 차이는 다음과 같다.

허위 조작 정보	의도적으로 누군가를 속이거나 해를 끼치기 위해 거짓 정보를 만들어 퍼뜨리는 경우 정치적, 경제적, 사회적 이익을 위해 조작된 정보
오정보	악의적 의도가 없이 잘못된 정보를 퍼뜨리는 경우, 예를 들어 누군가가 사실이 아닌 뉴스를 믿고 무심코 공유하는 정보

나 팩트체크 기준

챗GPT와 같은 생성형 AI는 때때로 그럴듯하지만 사실과 다른 정보를 만들어 내기도 한다. 따라서 AI가 제공한 정보는 반드시 사실 확인이 필요하다.

여기서 중요한 것은 단순히 AI의 답변을 한 번 더 확인하는 것에 그치지 않고, 다양한 출처와 기준을 바탕으로 교차 분석하는 습관을 기르는 것이다. 만약 AI가 출처를 제시하지 않았다면, 직접 관련 내용을 검색해 사실 여부를 확인하는 노력이 필요하다.

팩트체크 기준은 기관별로 조금씩 다르지만, 시청자미디어재단(2023)은 「정보리터러시와 팩트체크」에서 국제팩트체킹네트워크(IFCN)와 구글의 기준을 제시하였다. 먼저, 국제적으로 인정받는 국제팩트체킹네트워크의 5대 원칙을 소개한다. IFCN(2020)은 전 세계 팩트체크 기관을 연결하고, 회원 기관이 반드시 지켜야 할 원칙을 제시하였다.

비 편향성과 공정성	검증 대상 선정과 검증 과정에서 어느 한쪽만 지지하지 않으며 동일한 기준을 사용해야 한다.
출처의 투명성	독자가 직접 결과를 확인할 수 있도록 모든 출처를 충분하고 자세하게 공개해야 한다.
조직과 자금의 투명성	팩트체크 조직의 구조와 법적 지위를 공개해야 하고, 자금 출처를 투명하게 공개해 검증 결과에 영향을 미치지 않도록 해야 한다.
검증 방법의 투명성	팩트체크의 과정(선정, 조사, 작성, 수정 등)이 설명할 수 있어야 하며, 조사한 근거와 방법 모두 투명해야 한다.
개방적이고 정직한 수정	공개한 수정 정책에 따라 명확하고 투명하게 수정하고, 독자가 수정된 내용을 볼 수 있도록 공개해야 한다.

또한, 구글에서는 팩트체크처럼 뉴스 읽는 방법을 안내한다.

출처가 어디인가?	원문의 출처 파악이나 검증을 할 수 없다면 해당 뉴스를 공유하지 않는다.
출처를 신뢰할 수 있는가?	명망 있는 언론이나 정부 웹사이트와 같은 공식적인 원문 출처가 있는지 찾고 해당 기사가 출처, 사진이나 영상에 대한 링크와 함께 주장을 뒷받침하는지 확인한다.
전문가가 누구인가?	해당 주제에 대해 인정받는 권위를 가진 전문가가 주장하고 있는지 확인한다.
나에게 좋아요, 공유, 구독 또는 구매할 것을 지시하고 있는가?	자극적인 이야기들은 종종 수익을 창출하는 계정을 가진 사람들이 소셜 미디어 참여를 유도하기 위해 사용된다.
충격적이거나 두려움이나 증오를 불러일으키려고 하는가?	악의적이거나 장난삼아 유해한 정보를 유포하는 경우가 있으므로, 공유 버튼을 누르기 전 신중하게 판단한다.

3) 팩트체크 사례 살펴보기

가 일상생활 속 팩트체크

보이스피싱, 허위 정보, 거짓 뉴스 등 디지털 사기 수법이 더욱 정교해지고 다양해져 일상 속 누구나 피해자가 될 수 있는 환경이 조성되고 있다.

이러한 잘못된 정보는 개인의 선택에 직접적인 영향을 미칠 뿐만 아니라, 사회 전체의 인식과 정책에도 왜곡을 일으킬 수 있다. 이처럼 누구나 피해자가 될 수 있는 시대에 사실 확인은 그 어느 때보다 중요하다.

나 교차 분석을 통한 팩트체크 검증 대상 및 참고 사이트

팩트체크는 단순히 정보를 확인하는 것을 넘어, 허위 정보와 오정보로부터 자신을 보호하고, 사회적 신뢰를 지키는 최소한의 방어선이 된다.

시청자미디어재단(2023)에서는 전 세계 팩트체크 기관의 '검증 대상 선정 원칙'의 공통점을 3가지로 안내하고 있다.

1	사실 여부를 판단할 수 있는가?
2	해당 진술 문의 근거가 명백한가?
3	사실을 밝히는 것이 공익적 가치가 있는 것인가?

이와 더불어, 팩트체크에 참고할 수 있는 사이트는 다음과 같다.

플랫폼	참고 사이트
KOSIS 국가통계포털 국가통계포털	국가통계포털 → 서비스 소개 → 팩트체크 서비스 통계 관련 정보
농식품정보누리 농식품정보누리	농식품정보누리 → 농식품트렌드 → 누리 PICK 농업·농식품·동물복지 등 기술 동향과 소비자 이슈에 관련된 다양한 정보 제공
팩트체크 KBS	KBS NEWS → 심층 취재 → 팩트체크K 국내외 전반적인 사회 이슈 정보

알고보니 MBC	MBC 뉴스 → 취재플러스 → 알고보니 국내 대선 관련 정보
사실은 SBS	SBS NEWS → 연재 → 사실은 국내외 전반적인 사회 이슈 정보
팩트체크 JTBC	JTBC NEWS → 연재/코너 → 팩트체크 국내외 전반적인 사회 이슈 정보
사실확인 MBN	MBN 뉴스 → 사실 확인 국내외 전반적인 사회 이슈 정보
DAUM Daum	다음 뉴스 → 지식/칼럼 → 팩트체크 언론사별 팩트체크 기사 정보
NAVER NAVER	네이버 뉴스 → 팩트체크 언론사별 팩트체크 기사 정보
빠띠 빠띠	빠띠 → 시민활동 → 팩트체크 시민이 제안한 사회적 이슈나 의문에 대해 공공자료와 전문가 의견을 바탕으로 사실 여부 검증 정보
AFP ● AFP	AFP 팩트체크 온라인에서 퍼지는 허위 정보를 검증하는 전 세계적 팩트체킹 서비스

이 밖에도 서울대학교 언론정보연구소에서 운영했던 'SNUFactCheck'는 2024년 8월 재정 지원 중단으로 현재 무기한 휴지 상태이지만, 7년간 축적한 5,000여 건의 팩트체크 콘텐츠를 여전히 온라인 플랫폼을 통해 제공하고 있어 학생들이 실제 팩트체크 사례를 학습하고 분석하는 데 유용한 교육 자료로 활용할 수 있다.

다 챗GPT 기반 팩트체크 프롬프트 전략

프롬프트 전략

① 명확한 프롬프트 작성: "~다음 [출처]에 기반한 정보만 제공해 줘."

② 인용 요청: "공식 학술 논문/사이트를 인용해 줘."

③ 역할 지정: "팩트체커 모드로, 검증된 정보만 제공해 줘."

④ 다중 출처 요구: "3개 이상 서로 다른 출처로 교차 검증해 줘."

⑤ 직접 인용 요청: "원문에 인용구 형태로 제공해 줘."

가) 역할 지정 전략을 적용한 프롬프트 (예시)

개인 칸막이까지 사용하는 카공족을 처벌할 수 있다? 팩트체커 모드로 검증된 정보만 제공해 줘.

챗GPT의 답변 (예시)

업무방해죄 적용은 어려움

- 언론사 요약: 업무방해죄(형법 제314조)는 허위사실 유포, 속임수, 위력 중 하나를 적용해야 하는데, 단순히 개인 칸막이 설치나 장시간 공부하는 행위는

해당하지 않음.

- 즉 "칸막이 쳤다" 또는 "공부했다"만으로는 허위·속임·위력이 성립되지 않아 법적 처벌은 어렵다는 게 전문가 및 언론의 결론이다.

JTBC [팩트체크] 카페에서 사무실 차리는 카공족,
처벌 가능하다? (2025.6.25.) 구민주 기자

GPT의 답변 (QR코드)

나) 다중 출처 요구 전략을 적용한 프롬프트(예시)

오늘은 2025년 6월 25일이다. 지금 6.25 전쟁은 몇 주년이며, 6.25 전쟁은 북침인가? 남침인가? 3개 이상의 서로 다른 출처로 교차 검증을 팩트체크해 줘.

ChatGPT 5 ∨   ↑ 공유하기   …

> 오늘은 2025년 6월 25일이다. 지금 6.25전쟁은 몇 주년이며, 6.25 전쟁은 북침인가? 남침인가? 3개 이상의 서로 다른 출처로 교차 검증을 팩트체크해 줘.

16s 동안 생각함

다음은 2025년 6월 25일 기준, 6·25전쟁(한국전쟁)에 대한 핵심 팩트체크입니다.

- **몇 주년?** → **75주년**
  전쟁 발발일은 **1950년 6월 25일**이므로, 2025년 6월 25일은 **제75주년**입니다.
- **북침인가? 남침인가?** → **"북한의 남침(북한이 먼저 침공)"이 명확한 역사적 사실**
  아래 서로 다른 4개 이상의 1차·권위 출처로 교차 검증됩니다.

교차 검증 근거

1. **유엔 안전보장이사회 결의 82호(1950.6.25)**
   안보리는 북한군의 남한 침공을 규정하고 즉각적 적대행위 중지 및 북한군의 **38선 이북 철수**를 요구했습니다. 이는 국제기 ↓ 의 공식 문서입니다.  유엔 ·2
2. **국사편찬위원회(대한민국 국가 공식 역사기관)**

＋ 무엇이든 물어보세요   ♀   ·ıı·

ChatGPT는 실수를 할 수 있습니다. 중요한 정보는 재차 확인하세요.

챗GPT의 답변(예시)

6월 25일은 1950년 6월 25일에 한국전쟁이 발발한 날로, 따라서 오늘은 한국전쟁 발발 75주년입니다.

❶ 몇 주년인가?

- 전쟁 시작일: 1950년 6월 25일 (75년 전)

❷ 6.25 전쟁: 북침인가? 남침인가?

- 6.25 전쟁은 북한의 남한 침략(남침)이 맞습니다.

[핵심 팩트]

- 북한군이 1950년 6월 25일 새벽 38선을 넘으며 남한을 기습적으로 공격했음.
- 이 사실은 미국·영국·한국 군사 문헌, UN 안보리 결의, 전쟁 초기 기록에서도 확인됨.

[반론 및 주장]

- 일부 북측 혹은 극우 주장에 따르면 "남한이 먼저 공격했다"라는 얘기도 있지만, 이런 주장은 주류 학계와 역사 기록에서 대부분 반박되고 있다.

[팩트체크 증거]

❶ 유엔 안보리 결의 (1950년 6월 27일)

GPT의 답변
(QR코드)

- "북한이 남한을 무력 공격했다"라는 점을 명확히 밝히고, 북한의 군사행동을 침략 행위(Aggression)로 규정함.
- 유엔은 미국을 포함한 16개국 파병 결정 → 한국전쟁 참전

❷ 미국 중앙정보국(CIA), 국방부 자료

- "북한군이 새벽 4시, 기습적으로 38선을 넘어 서울 방면 진격" 명시

❸ 영국 국립 군사박물관(IWM)

- "North Korea invaded the South on 25 June 1950."

❹ 북한의 공격 사실은 당시 소련·중국과도 조율된 사전 계획이었다는 연구도 존재함.

- 대표 연구: Kathryn Weathers by (Cold War International History Project, 1990s)

[왜 "북침"이라는 말이 나왔을까?]

- 일부 정치적 선전 목적으로, 북한은 오랫동안 "남한이 먼저 쳤다'라고 주장했음.

- 그러나 이는 국제적으로 부정된 가짜 주장이며, 학계·기록상 근거 없음.

다) 인용 요청 전략을 적용한 프롬프트 (예시)

사주팔자도 봐주는 AI 개인정보 유출될 수 있는지 공식 학술 논문/사이트를 인용해서 팩트체크해 줘.

ChatGPT 5 ⌄　　　　　　　　　　　　　　　　　　　⬆ 공유하기　⋯

사주팔자도 봐주는 AI 개인정보 유출될 수 있는지 공식 학술 논문/사이트를 인용해서 팩트체크해 줘.

1m 15s 동안 생각함

출처 45개

요점부터요: "사주팔자 봐주는 AI(앱/웹)"는 태어난 날짜·시간·장소·이름 등 '개인정보'를 수집·처리합니다. 이런 정보는 수집·전송 단계에서의 유출 위험뿐 아니라, AI 모델 자체에서 학습·추론 과정으로 새어 나갈 위험(모델 메모리/추론 공격)도 있다는 것이 학술 논문과 공식 기관 문서로 확인됩니다. 아래가 핵심 팩트체크예요.

1) 사주 서비스가 받는 정보는 '개인정보'에 해당함

- 대한민국 「개인정보 보호법」상 개인정보는 생년월일 등 개인을 알아볼 수 있는 모든 정보를 포함합니다. 개인정보보호위원회 공식 안내는 성명·주민등록번호뿐 아니라 결합 시 개인식별이 가능한 정보도 개인정보로 봅니다.  개인정보보호위…

- 국내 판례·정부 입장 정리 기사에서도 "이름이나 주민번호가 없어도 '생년월일'은 개인정보에 해당"함을 재확인했습니다. ↓)레

- 아동·청소년의 정보 수집은 특히 엄격하며, 제3자 제공·보관기간 등 고지 후 동의를

＋　무엇이든 물어보세요　　　　　　　　　　　　🎙　⬛

ChatGPT는 실수를 할 수 있습니다. 중요한 정보는 재차 확인하세요.

챗GPT의 답변(예시)

AI 기반 음력·사주·팔자 등의 '운세·타로' 서비스로 제공하는 앱이나 챗봇에 개인정보 유출 우려는 실제로 존재합니다. 공식 학술 논문과 권위 있는 연구 결과를

바탕으로 정리해 드릴게요.

❶ AI의 개인정보 유출 위험

- 초대형 언어 모델(LLM)은 무작위 인출로 인해 학습 중 포함된 개인 식별 정보
(이름, 이메일 등)를 기억, 재생할 수 있음

❷ 학술 연구로 검증된 실제 사례

- Huang et al. (2022). Are Large Pre-Trained Language Models Leaking
Your Personal Information?

- Yeom et al. (2017). Privacy Risk in Machine Learning: Analyzing the
Connection to Overfitting

❸ AI 운세 서비스의 구체적 우려

- 생년월일·출생 시간·출생 지역 같은 민감 정보를 요구하는 경우, 해당 정보가
데이터로 남아, AI 모델의 내부 메모리에 포함될 수 있습니다.

- 클라우드·서버에 저장된 로그는 보안 사고 시 제3자 유출 위험이 있다.

- 서비스 내부 정책 및 동의 절차가 불투명한 경우, 수집된 운세 정보, 개인정보
가 광고 대상, 제휴사 공유 등에 무단 활용될 수 있다.

❹ 권고 사항

- 필요 이상 정보 제출 지양, 생년월일 등 민감 정보는 최소한으로 제공

MBN NEWS [사실확인] 사주팔자도 봐두는 AI…
개인정보 유출될 수 있을까(2025.5.18.)
박혜빈 기자

GPT의 답변 (QR코드)

단, 챗GPT로만 팩트체크를 하면 안 되고, 반드시 후속 검증이 필요하다. 이에 권

위 있는 자료나 검증된 참고 사이트를 활용하여 비교 확인을 할 수 있도록 지도한다.

4) 비판적 분석 기반 5단계 질문법

오늘날 우리가 접하는 정보는 글뿐만 아니라 사진, 그림, 영상, 뉴스, 광고 등 다양한 형태로 존재한다. 이러한 멀티미디어 정보를 올바르게 이해하고, 비판적 사고를 기르기 위해서는 다양한 관점에서 질문을 던지고, 스스로 답을 찾아가는 과정이 필수적이다.

가 1단계: 정보의 생산자 확인

정보의 출처와 제작자를 명확히 파악한다. 제작자의 신뢰성과 배경을 살펴 정보의 신뢰도에 대한 평가 기초를 마련한다.

정보 생산자 확인을 위한 프롬프트(예시)

아래 이미지/영상/글의 출처와 제작자가 누구인지 확인해 줘.
이 사진은 어디에서 만들어졌는지 알려줘.
이 영화는 누가 제작했고, 촬영했는지 알려줘.
이 책의 저자와 출판사, 저자가 가진 전문 분야를 분석해 줘.

나 2단계: 내용의 구성과 전달 방식 분석

정보가 어떤 방식으로 구성되어 있으며, 어떠한 표현과 구조로 메시지를 전달하는지 분석한다. 무엇을 강조하고 무엇을 생략했는지도 함께 살펴본다.

내용 구성에 대한 프롬프트(예시)

아래 이미지/영상/글의 주요 메시지와 구조를 분석해 줘.
이 영상에 가장 많이 등장하는 인물, 배경이 무엇인지 알려줘.
여기서 강조하는 주제가 무엇인지 분석해 줘.

다 3단계: 다양한 해석의 인식

정보를 접하는 사람마다 해석과 반응이 다를 수 있음을 이해한다. 다양한 관점에서 정보가 어떻게 받아들여질 수 있는지 고민한다.

다양한 해석을 위한 프롬프트(예시)

이 광고를 본 10대와 40대가 각각 무엇이 다르게 느낄 수 있는지 비교해 줘.

이 뉴스 영상을 다른 문화권(예: 한국, 미국, 일본) 사람들이 어떻게 다르게 받아들일지 각각의 관점에서 분석해 줘.

라 4단계: 숨겨진 가치관과 관점, 생략된 요소 탐색

정보 속에 담긴 가치관과 관점이 무엇인지 탐구한다. 의도적으로 생략되거나 배제된 사실이나 시각이 있는지도 함께 분석한다.

숨겨진 가치관과 관점을 위한 프롬프트(예시)

이 기사에 담긴 가치관과 관점, 그리고 의도적으로 생략된 정보가 있다면 무엇인지 분석해 줘.

아래 이미지는 어떤 사회적·문화적 가치관을 반영하는지 알려줘.

숨겨진 부분이나 대안적 해결이 있다면 함께 제시해 줘.

이 정보에 담긴 가치관, 관점, 편향이 무엇인지 분석해 줘.

이 기사에서 어떤 집단의 입장이 강조되고, 반대로 빠진 시각이 무엇인지 분석해 줘.

마 5단계: 정보가 만들어진 동기와 목적 파악

정보가 만들어진 근본적인 목적과 동기를 파악한다. 정보가 사회나 개인에게 미치는 영향과 의도를 함께 고려해야 한다.

정보가 만들어진 동기와 목적에 대한 프롬프트 (예시)

이 영상이 만들어진 동기와 목적, 그리고 시청자에게 주려는 영향은 무엇인지 분석해 줘.

아래 콘텐츠의 제작자가 의도한 목표와 실제로 사회에 미칠 수 있는 영향에 대해 설명해 줘.

5) 5단계 질문법을 활용한 AI 윤리 문제

오늘날 학생들은 AI와 관련된 다양한 윤리적 문제에 직면하고 있다. AI 윤리 수업에서 제시하기 좋은 대표적인 예로는 딥페이크와 트롤리 딜레마가 있다.

딥페이크란 AI 기술을 이용해 만든 가짜 이미지나 영상으로, 인스타그램이나 틱톡 등 소셜미디어에서 쉽게 접할 수 있으며 실제 인물의 얼굴이나 음성을 조작하여 마치 진짜처럼 보이게 만드는 기술이다.

트롤리 딜레마란 두 가지 갈림길에서 누군가를 살리기 위해 누군가를 희생해야 하는 선택적 상황을 다룬 윤리학의 대표적인 사고 실험으로, AI가 도덕적 판단을 내려야 하는 상황에서 어떤 기준으로 결정해야 하는지를 탐구하는 데 활용된다.

이런 문제들은 단순한 기술 이해를 넘어 "이럴 땐 어떻게 해야 할까?"라는 비판적이고 윤리적인 사고를 요구한다. 5단계 질문법을 활용하여 이러한 윤리적 문제를 비판적으로 탐구하는 방법은 다음과 같다.

🟢가 1단계: 정보의 생산자 확인

딥페이크 영상이나 트롤리 딜레마 시나리오를 접할 때, 먼저 이 정보를 누가 만들었는지 살펴본다. 딥페이크라면 영상을 만든 사람 혹은 AI 개발자, 트롤리 딜레마라면 문제를 제시한 기관이나 연구자, 혹은 출처와 배경을 확인한다.

이 딥페이크 영상은 어떤 사람이, 어떤 목적으로 만들었을까?
이 트롤리 딜레마 상황은 누가, 왜 우리에게 질문하고 있는 걸까?

🟢나 2단계: 내용의 구성과 전달 방식 분석

정보의 구조와 메시지를 꼼꼼히 살펴본다. 딥페이크 영상이라면 어떤 장면이 조작되었고, 어떤 부분이 진짜와 다르게 표현되는지 분석한다. 트롤리 딜레마라면 선택지(예: 여러 명 vs 한 명)와 상황 설정이 어떻게 구성되어 있는지, 문제의 핵심이 무엇인지 파악한다.

> 이 영상은 어떤 방식으로 우리에게 메시지를 전달하고 있을까?
> 이 문제는 우리에게 어떤 메시지를 전달하고자 하는 것인가?
> 어떤 점을 강조하고, 무엇이 생략되어 있을까?

다 3단계: 다양한 해석의 인식

같은 정보를 접해도 사람마다 다르게 받아들일 수 있으므로 친구, 가족, 선생님 등 각자 이 문제를 어떻게 해석하는지 의견을 나눈다. 다양한 해석과 생각의 차이를 존중하며, 이유를 함께 찾아본다.

> 나는 이 딥페이크 영상이 무섭다고 느꼈는데, 어떤 친구는 재미있다고 생각했다. 그렇다면 이 부분에 대한 긍정적, 부정적인 면을 비교해 줘.
> 트롤리 딜레마에서 내가 고른 선택과 친구가 고른 선택이 다르다. 이를 비교해서 정리해 줘.

라 4단계: 숨겨진 가치관과 관점, 생략된 요소 탐색

정보 속에 담긴 가치관, 편향, 생략된 요소를 찾아본다.

> 이 정보에는 어떤 생각이나 감정이 강조되었는지 알려줘.
> 트롤리 딜레마에서 많은 사람을 살리는 것이 더 옳을까, 아니면 적은 사람을 선택하는 것이 더 옳을까, 각 입장에 해당 가치관과 관점을 비교 설명해 줘.

마 5단계: 정보가 만들어진 동기와 목적 파악

이 정보가 왜 만들어졌는지, 어떤 목적을 가졌는지 생각한다. 딥페이크 영상이 단순한 재미인지, 누군가를 속이거나 조종하려는 의도가 있는지 파악한다. 트롤리 딜레마의 경우, 학생들에게 윤리적 고민을 던져 주기 위한 것인지, 아니면 AI 시스템의 한계를 보여 주려는 것인지 파악한다. 이에 제작자의 의도와 더불어 이 정보가 우리에게 미치는 영향까지 함께 고민한다.

> 이 정보를 만들어진 진짜 목적은 무엇일까?
> 이 문제를 통해 우리가 무엇을 느끼고, 어떤 행동을 하는 것을 바라는 것인가?
> 그렇다면, 앞으로 조심해야 할 부분은 무엇일까?

각 단계별로 학생들이 직접 질문을 만들고, AI에 묻거나 친구들과 토론하도록 유도한다. 실제 사례를 활용하여 학생들이 경험을 바탕으로 생각을 확장할 수 있도록 한다. 정답을 찾기보다는 다양한 관점에서 질문을 던지고, 서로의 생각을 존중하는 분위기를 조성한다. 수업 마지막에는 항상 "내가 오늘 새롭게 알게 된 점", "앞으로 조심해야 할 점" 등을 정리하며, 스스로 실천할 수 있는 윤리적 행동을 찾아본다.

이렇게 5단계 질문법을 따라가면, 학생도 인공지능 윤리 문제를 깊이 있게 탐구하고, 스스로 생각하는 힘을 기를 수 있다. 올바른 질문하기를 통해 누구나 주체적으로 고민하고 토론할 수 있다.

2장

챗GPT로 독후 내용 구조화하기 (달리, 제미나이)

1) 텍스트 기반 사고 구조화

서울기술연구원의 2023년 조사에 따르면, 10대의 19.6%, 20대의 13.5%가 유튜브 같은 영상 시청도 독서의 한 형태로 인식한다고 답했다. 이러한 인식의 저변에는 독서를 효율적인 정보 습득의 수단으로 여기는 시각이 깔려 있다. 생성형 AI의 활용 패턴 역시 같은 맥락이다. 사람들은 효율을 위해 책 대신 요약 영상을 보고, 긴 글 대신 AI가 요약한 결과물을 찾는다.

그러나 독서의 진정한 가치는 문장과 문단을 넘나들며 자신만의 해석을 쌓아 올리고, 글 속에서 고유한 의미를 발견하는 과정 그 자체에 있다. 그렇다면 대체 AI를 독서 교육에 어떻게 활용해야 할까? 자신의 생각을 논리적으로 구조화하기 어려워하는 학생에게 AI는 훌륭한 도우미가 될 수 있다. 흩어진 생각의 조각들을 객관적으로 관찰하고 그 안에서 패턴을 찾도록 돕는 것이다. 가령 AI에 자신의 생각을 던진 뒤 "이 주장의 핵심 근거는 뭐야?"라고 묻거나, "이 관점의 맹점은 없어?"와 같은 질문을 이어가며 생각을 구체화하고 확장해 나갈 수 있을 것이다.

이러한 상호작용은 학습의 초점을 결과가 아닌 과정으로 옮겨 주고, 궁극적으로 자신의 사고 과정을 한 걸음 떨어져 성찰하도록 돕는다. 이러한 학습 효과를 실제로 이끌어 내기 위해서는 프롬프팅의 방향성을 설정하는 것이 중요하다.

가 AI 활용의 교육적 원칙

먼저 수업을 시작하기에 앞서 학생들에게 AI의 교육적 가치는 타인이 정리한 내용을 수동적으로 수용하는 것이 아니라, 자신이 직접 경험한 독서 과정을 체계화하고 심화하는 데 있음을 분명히 인식시켜야 한다.

효과적인 AI 활용 독서 교육은 다음 원칙들을 기반으로 한다.

- 반드시 스스로 글을 읽은 뒤 활동을 전개해야 한다. 학습자가 먼저 텍스트와 온전히 상호작용을 하며 자신만의 생각과 질문을 축적하는 과정이야말로 AI 상호작용의 기반이 된다.
- AI는 독서 행위 자체를 대체할 수 없다. AI의 역할은 학습자가 자신의 생각을 정리하고 확장하도록 돕는 것이다.
- AI가 생성한 결과물은 정답이 아닌 하나의 의견으로 간주한다. 학습자는 이를 무비판적으로 수용하는 대신, 자신의 경험과 비교하고 검토하며 주체적인 관점을 구성해 나간다.

나 학생 메모 기반 3단계 정리법

학생이 남긴 날것의 생각들은 그 자체로 소중한 원석이다. 그러나 흩어져 있는 원석을 잘 다듬고 꿰어야 비로소 가치 있는 목걸이가 되듯, 단편적인 생각들을 의미 있는 구조로 엮는 과정이 필수적이다. 이 과정에서 AI는 학습자의 생각을 정돈하는 데 효과적인 역할을 할 수 있다.

가) 1단계: 개인적 독서 경험 기록

학생들은 책을 읽으며 자신만의 메모를 작성한다. 이때는 정답을 찾으려 하지 말고 솔직한 감정과 떠오르는 생각을 빠르게 기록하는 것이 중요하다.

[Tip] 다양한 독서 기록 방법

AI를 활용한 독서에서는 감상문이나 독서 일기 같은 긴 서술보다 구조화된 기록 방법들을 활용하는 것이 효과적이다. 구조화된 기록은 AI가 패턴을 파악하고 분석하기에 적합한 형태이기 때문이다.

기법	추천 텍스트 유형	결과물	특징 및 강점
더블 엔트리 저널	- 문학 (소설, 시) - 인문/사회 텍스트	- 문학 분석 에세이 - 서평 (인용 기반의 논거 수집)	텍스트의 특정 부분에 대한 깊은 감상과 비판적 사고를 이끌어 냄. 개인의 주관적 반응을 기록하기에 최적화.
STEAL 인물 분석	- 문학 (소설) - 희곡 (인물 중심 작품)	- 인물 분석 보고서 - 캐릭터 연구	인물의 다면적 특성을 체계적으로 분석. 문학의 인물 이해에 특화.
KWL 차트 (Know-Want-Learned)	- 비문학 (설명문, 정보성 글)	- 탐구 보고서의 사전 조사 단계 - 학습 계획서	배경지식 활성화 및 학습 목표 설정. 지식 습득 과정을 명확하게 추적 가능.
QEC 방법 (Question-Evidence-Conclusion)	- 비문학 (논설문, 비평문, 연구 자료)	- 논리적 구조를 갖춘 보고서 - 비평문 - 토론 개요서	주장과 근거의 논리적 관계를 훈련하는 데 가장 효과적. 텍스트를 비판적으로 분석하고 자신의 주장을 세우는 데 최적화.

나) 2단계: AI 프롬프팅으로 기록 체계화

1단계에서 누적된 기록들은 그 자체로는 파편적이다. 학생들은 자신이 무엇을 생각했는지는 인식하고 있지만, 어떻게 사고하는지 어떤 패턴으로 생각이 전개되는지는 자각하지 못한다. 이 시점에서 AI는 자신의 생각을 한 발짝 떨어져 바라보게 돕는다.

학생의 실제 기록 (더블 엔트리 저널 방식):

[3월 15일, 45~60쪽]
텍스트: "그리움이란 돌아갈 수 없는 곳을 향한 마음이다."

→ 내 반응: 무슨 뜻인지 완전히 이해 안 됨. 그리움이 그런 건가?

텍스트: 주인공이 편지를 태우는 장면

→ 내 반응: 진짜 화남. 왜 그랬을까? 나라면 절대 안 태웠을 것. 할머니 편지도 아직
　　　　　갖고 있는데.

텍스트: 아버지가 "안 된다"라고 말하는 장면

→ 내 반응: 답답함. 이유도 말 안 해주고. 우리 아빠도 가끔 그래서 짜증 남.

분류 및 구조화를 위한 프롬프트 (예시):

다음은 내가 책을 읽으면서 쓴 메모야.

이 메모들을 다음 4가지로 분류해 줘.

- 이해하기 어려웠던 부분

- 좋았거나 싫었던 부분

- 궁금했던 점

- 내 경험과 비슷했던 부분

#나의 독서 메모

[학생 기록 삽입]

챗GPT의 답변 (예시):

다음은 당신의 메모를 요청하신 네 가지 항목에 따라 분류하고 정리한 것입니다:

- **내용 이해 관련 (어려운 부분)**
  - '그리움'의 의미 파악 필요

- **감정적 반응 (좋았던/싫었던 부분)**
  - 편지 태우는 장면에서 화남
  - 아버지의 지속적 반대에 대한 답답함
  - 의문점이나 궁금한 점
  - 주인공이 편지를 태운 이유
    아버지이 반대 이유

- **나의 생각이나 경험과의 연결**
  - 편지 보관에 대한 개인적 가치관 (할머니 편지 보관 경험)
  - 부모-자녀 갈등에 대한 개인적 경험 연결

일견 단순해 보이는 이 과정은 흩어져 있던 학생의 생각들을 한눈에 조망할 수 있도록 만들어 준다. 학생은 자신이 주로 어떤 부분에서 어려움을 겪고, 어떤 지점에서 특히 감정적으로 반응하며, 무엇을 주로 궁금해하는지 스스로의 사고 유형과 흐름을 객관적으로 파악할 수 있다.

[Tip] AI 분류 결과, 100% 신뢰해도 될까?

AI의 분류는 훌륭한 초안이지만 완벽한 분석은 아니다. 교사는 다음의 한계점을 인지하고 AI의 결과를 학생과 함께 비판적으로 검토하며 더 깊은 사고로 나아가는 발판으로 삼아야 한다.

- AI의 분류는 정답이 아닌 초안

AI는 문맥의 미묘한 뉘앙스를 놓칠 수 있다. 학생의 "주인공이 답답하다"라는 메모를 AI가 '감정 반응'으로 분류했더라도, 교사는 "혹시 주인공의 행동에 대한 너의 '가치 판단'이기도 할까?"라고 질문하며 생각의 다른 층위를 발견하게 도울 수 있다.

- 하나의 기록에 숨은 여러 의미

하나의 생각에는 여러 속성이 겹쳐 있을 수 있다. AI가 "아빠가 반대해서 화났는데, 왜 그랬을까?"를 의문점으로만 분류했더라도, 교사는 "이 메모에는 너의 감정적 반응과 개인적 경험도 함께 담겨 있네"라고 짚어 주며 통합적 사고를 격려할 수 있다.

- 원재료의 중요성

AI의 분석은 학생이 작성한 기록의 질을 넘어설 수 없다. 쓰레기를 넣으면 쓰레기가 나온다(Garbage In Garbage Out)는 원칙을 기억하자. 1단계에서 솔직하고 구체적인 기록을 작성하는 것이 왜 중요한지 꾸준히 강조하며, 양질의 사고 재료를 모으는 습관이 모든 활동의 전제 조건임을 안내한다.

다) 3단계: 교사와 함께 사고 확장하기

학생이 두 번째 단계를 거치며 자신이 무엇을 생각하는지 알게 되었다면, 분류된 생각들을 더 깊이 있고 정교하게 세공할 차례다.

- 교사의 역할

교사는 AI가 정리해 준 결과를 바탕으로 심화 질문을 던져 학생이 스스로 사고를 확장할 수 있도록 한다.

- 정답을 찾는 전통적 질문: "주인공이 편지를 태운 이유는 무엇일까?"
- 사고를 확장하는 심화 질문: "네가 '화가 난다'라고 했는데, 그 화가 주인공에게 향한 건지, 상황에 향한 건지, 아니면 다른 감정일까? 그리고 그 감정이 이 장면을 어떻게 이해하는 데 도움이 될까?"

블룸의 사고 위계를 활용한 교사의 심화 질문 (예시):

[적용] 개인 경험 연결 → 감정 이입 심화

"네가 할머니 편지를 소중히 여긴다고 했지. 그 마음을 바탕으로, 주인공은 왜 편지를 태웠을지 그 심정을 상상해 볼까?"

[분석] 의문점 → 텍스트 기반 추론

"아버지가 왜 반대만 할까? 이 책 다른 부분에서 아버지의 마음을 짐작할 만한 단서를 찾아보자."

[평가] 감정 반응 → 가치 판단

"편지 태우는 장면에서 화가 났다고 했는데, 나라면 어떻게 했을지, 그리고 더 나은 선택은 무엇이었을지 토론해 볼까?"

[창조] 표면적 이해 → 작가 의도 추론

"작가는 왜 주인공이 그런 선택을 하도록 이야기를 만들었을까? 이 장면을 통해 우리에게 전하고 싶은 메시지는 무엇일지 상상해서 이야기해 보자."

- 학생의 역할

교사의 심화 질문이 사고의 방향을 제시했다면, 이제 학생은 그 방향을 따라 스스로 탐구를 한층 더 깊게 이어갈 차례다. 다음과 같은 프롬프트를 활용할 수 있다.

프롬프트 1: 개인적 연결고리 찾기

내가 쓴 독서 메모에서 내 실제 경험과 연결한 부분들을 찾아서,
이 연결이 텍스트 이해에 어떤 도움을 주는지 분석해 줘.
그리고 비슷한 방식으로 더 깊이 생각해 볼 수 있는 질문 3개를 만들어줘.
#내 독서 메모: [메모 내용]

프롬프트 2: 감정 변화 추적하기

내가 책을 읽으며 느낀 감정들을 시간 순서대로 정리하고,
각 감정이 왜 생겼는지 내 메모를 근거로 분석해 줘.
감정이 바뀐 지점에서 내가 새롭게 깨달은 것이 있는지도 찾아줘.
#내 독서 메모: [메모 내용]

프롬프트 3: 의문점 명확화하기

내가 이해하지 못한 부분들을 정리하고,
이 문제들을 해결하기 위한 구체적인 방법 3가지를 제안해 줘:
  - 선생님께 질문할 내용
  - 친구들과 토론해 볼 주제
  - 추가로 찾아볼 정보나 자료
#내 독서 메모: [메모 내용]

프롬프트 4: 대안적 사고 발전시키기

내가 "나라면 이렇게 했을 것"이라고 쓴 부분들을 모아서,
각 선택의 장단점을 분석해 줘.

그리고 내 선택이 가져올 새로운 이야기 전개를 상상해서 써줘.
#내 독서 메모: [메모 내용]

프롬프트 5: 관점의 다원성 탐색하기

선생님과 대화하면서 내 관점이 하나의 해석일 뿐이라는 걸 알았어.
내 원래 반응과는 완전히 다른 관점에서 같은 장면을 해석한다면
어떤 의미가 나올 수 있을까? 3가지 다른 관점을 제시해 줘.
#내가 반응한 장면과 내용: [특정 부분 발췌]

프롬프트 6: 토론 주제 생성하기

내 독서 메모 전체를 바탕으로, 친구들과 깊이 있는 토론을 할 수 있는
질문 5개를 만들어줘. 정답이 없고 다양한 의견이 나올 수 있는 주제로.
#내 독서 메모: [메모 전체]

프롬프트 7: 사고 과정 성찰하기

AI가 분석한 내 사고 패턴을 보고, 선생님과도 이야기했는데,
이런 식으로 책을 읽는 것의 장점과 한계는 뭘까?
그리고 더 깊이 있게 읽기 위해 어떤 부분을 보완하면 좋을까?
#AI가 분석한 내 사고 패턴: [AI 분석 결과]
#선생님과의 대화 내용: [대화 요약]

프롬프트 8: 창작 아이디어 확장하기

내가 이 책을 읽으면서 가장 인상 깊었던 부분을 바탕으로,
다음 중 하나를 만들어 보고 싶어.

   - 등장인물에게 쓰는 편지
   - 다른 인물의 시점에서 본 같은 사건
   - 10년 후 이야기의 속편 아이디어

> 어떤 걸 선택하든 구체적인 아이디어와 시작 방법을 제안해 줘.
> #내가 가장 인상 깊었던 부분: [특정 장면이나 구절]

앞서 제시한 프롬프팅 단계를 준수하는 것을 추천한다. 그 이유는 다음과 같다.

- 1단계 → 2단계: 개인의 기록이 누적되어야 AI가 의미 있는 패턴을 발견할 수 있다.
- 2단계 → 3단계: 자신의 사고 패턴을 객관적으로 인식한 학생만이 교사와의 대화에서 더 깊은 성찰에 도달할 수 있다.
- 3단계 이후: 이제 학생은 구조화된 자신의 사고를 바탕으로 창조적 확장 활동에 참여할 준비가 되었다.

이처럼 3단계 과정을 거쳐 정제된 데이터는 앞으로 이어질 글쓰기의 초석이 되고, 친구들과의 토론을 위한 논거가 되며, 생각을 목소리로 표현하는 팟캐스트의 대본이 되거나, 다른 이들에게 책을 추천하는 북큐레이션의 설득력 있는 근거로 활용될 수 있다.

다 초등 현장 적용을 위한 모델

앞서 제시된 방법들은 디지털 환경에 익숙한 중등 이상 학습자에게는 효과적이지만, 초등학생에게 직접 적용하기에는 현실적인 장벽이 존재한다. 챗GPT의 나이 제한(만 13세 이상)과 학생들의 디지털 리터러시 수준을 고려할 때, 초등 현장에 맞는 세심한 재설계가 필요하다. 또 학생의 발달 수준 차가 크기 때문에 저학년과 고학년으로 나누어 접근할 필요가 있다.

가) 초등 중학년(3~4학년)을 위한 놀이 중심 모델

초등 중학년 학생들에게 AI 독서 교육의 목표는 내 생각을 눈으로 확인하는 즐거운 경험에 있다.

수업의 첫걸음은 독서 경험을 표현하는 활동으로 시작한다. 학생들은 책을 읽고 가장 기억에 남는 장면을 그림으로 그리거나, 주인공의 마음에 감정 스티커를 붙여 주거나, '재밌다, 슬프다, 신기하다' 같은 단어 카드를 고르는 활동을 통해 자신의 반응을 시각적으로 남긴다.

다음으로 교사는 학생들이 만든 결과물을 보며 "이 그림은 어떤 장면이야?", "왜 이 스티커를 붙였어?"와 같이 대화를 나누고, 그 반응들을 모아 AI에 질문할 재료를 준비한다. 이 단계에서 학생들은 AI에 할 질문을 직접 만드는 대신, 자신의 생각과 느낌을 표현하는 데 집중한다.

이후 교사는 모인 학생들의 반응을 바탕으로 "우리 반 친구들이 가장 재미있어한 장면은 어디야?", "주인공을 보고 가장 많이 느낀 감정은 뭐야?"와 같이 매우 단순하고 구체적인 프롬프트를 AI에 입력하여 결과를 확인한다.

교사의 프롬프트 (예시):

[AI에 역할 부여 및 배경 설명]

너는 초등학교 3학년 아이들의 눈높이에 맞춰 이야기해 주는 생각 정리 로봇이야.
나는 초등학교 3학년 담임교사야. 오늘 아이들과 함께 백희나 작가의 『구름빵』을
읽었어. 우리 반 아이들은 아직 글쓰기를 어려워해서, 책을 읽고 가장 재미있었거나
신기했던 장면을 그림으로 그리고, 주인공들의 마음에
'기쁨', '슬픔', '용기', '신기함' 스티커를 붙이는 활동을 했어.

• 학생들의 반응 데이터:
  - 아빠가 빵을 먹고 하늘을 날아 회사에 가는 장면 그림 (15명)
  - '신기함' 스티커 (18개), '기쁨' 스티커 (10개)

[AI에 내리는 구체적인 지시]

위 내용을 바탕으로, 우리 반 친구들이 『구름빵』을 읽고 어떤 생각을 했는지, 내가
아이들에게 화면으로 보여 주며 이야기 나눌 수 있도록 쉽고 재미있게 정리해줘.
결과는 아래 두 가지로 나눠서, 로봇 친구가 말하듯이 친절한 말투로 알려줘.
가장 인기 있었던 장면은?
친구들이 가장 많이 느낀 감정은?

마지막으로, 교사는 AI의 답변을 화면에 보여 주며 다 함께 이야기를 나눈다. 이 때의 목표는 AI의 분석을 비판적으로 검토하는 것이 아니라, 결과 자체를 대화의 소재로 삼는 것이다. "AI가 '신기하다'라는 반응이 가장 많았대! 다들 어떤 점이 신기했는지 이야기해 볼까?"와 같이 대화를 유도하며, 자신의 생각을 친구들과 공유하는 즐거움을 느끼게 해주는 것만으로도 저학년 수준에서는 충분히 의미 있는 활동이 된다.

나) 초등 고학년(5~6학년)을 위한 참여 중심 모델

인지 능력이 발달하는 초등 고학년부터는 자신의 생각을 객관적으로 바라보는 훈련을 시작할 수 있다. 이 단계에서는 학생들이 좀 더 주도적으로 활동에 참여하도록 한다.

수업의 시작은 앞에서 제시된 바와 같이, 학생들이 책을 읽고 떠오르는 생각이나 질문을 짧은 문장 형태의 독서 기록으로 남기는 것이다. 이후 학생들은 자신이 작성한 독서 기록을 바탕으로 AI에 무엇을 물어볼지 직접 질문을 만든다. 교사는 학생들이 만든 질문과 독서 기록을 취합하여 AI에 입력한다.

교사의 프롬프트 (예시):

[AI에 역할 부여 및 배경 설명]

너는 학생들의 질문에 맞춰 독서 기록을 정리하고 답변해 주는 친절한 AI 조수야.
나는 초등학교 6학년 담임교사야. 학생들과 『죽이고 싶은 아이』를 읽고 각자 떠오른 생각을 기록하게 했어. 그 후, 모둠별로 자신들의 독서 기록을 살펴보면서 AI에 무엇을 물어보고 싶은지 직접 질문을 1~2개씩 만들게 했어.
이제 학생들이 만든 질문에 AI인 네가 직접 답변해 주는 모습을 보여 주며, AI를 활용한 탐구 활동을 진행하려고 해.

- **학생 데이터 1: 우리 반 전체의 독서 기록**
  - 주연과 서은이 정말 단짝 친구였을까? 주연이 서은을 너무 독점하려고 했던 것 같다.

- 왜 어른들은 주연이 외롭다는 걸 모르고 겉모습만 봤을까?

- 서은이 죽은 건 정말 사고였나? 누가 진짜 나쁜 사람인지 헷갈린다.

- 주연이 부모님은 왜 딸의 마음을 몰라줬을까? 내 부모님도 그럴까 봐 무섭다.

- 사람들이 인터뷰에서 말하는 내용이 계속 달라져서 진실이 뭔지 모르겠다.

- 주연이 서은에게 집착한 게 무서웠지만 한편으로는 외로웠을 것 같아서 불쌍하기도 했다.

- 왕따나 괴롭힘이 이렇게 무서운 결과를 가져올 수 있다는 게 충격적이었다.

- 내가 만약 서은이었다면 주연과 계속 친구로 지낼 수 있었을까?

• **학생 데이터 2: 학생들이 AI에 직접 만든 질문 목록**

- 책을 읽으면서 궁금했던 점들만 골라서 '궁금증 리스트'를 만들어줘.

- 우리 생각들 중에서 자신의 경험이나 감정과 연결된 부분을 모두 찾아서 정리해줘.

- 주연이 부모님이나 어른들에 대해 쓴 글만 따로 모아줄 수 있어?

[AI에 내리는 구체적인 지시]

위에 있는 [학생 데이터 1]을 자료로 활용해서 아래 [학생 데이터 2]에 있는 질문 3가지에 대해 각각 답변해줘.

각 질문에 대한 답변을 명확히 구분해서 보여 주고, 학생들이 보기 쉽도록 간결하게 정리해줘.

학생들은 결과를 보며, "AI의 분류에 동의하니?", "만약 네가 AI라면 이 기록을 어디에 분류했을 것 같아?"와 같이 AI의 판단을 직접 평가해 본다. 또한, "AI가 찾아 준 '궁금증 리스트'를 해결하려면 어떤 활동을 더 해보면 좋을까?"와 같이 후속 탐구 활동으로 자연스럽게 연결할 수도 있다.

ㄹ) 시각 자료를 통한 구조화

이제 정제된 데이터를 한눈에 파악할 수 있도록 시각화해 보자. 시각화는 단순히 정보를 보기 좋게 정리하는 것 이상의 의미를 갖는다. 인간의 뇌는 언어적 정보보다 시각적 정보를 훨씬 효율적으로 처리하기 때문이다. 복잡하게 얽힌 생각들 사이의 연결고리를 발견하고, 자신도 미처 깨닫지 못했던 사고 패턴을 객관적으로 관찰할 수 있게 해주는 인지적 도구인 셈이다.

과거에는 이러한 시각화 작업에 상당한 시간과 노력이 필요했지만, AI를 활용하면 기술적 부담은 덜고 자신의 아이디어를 표현하는 창의적인 과정 자체에 더 깊이 몰입할 수 있다.

가 감정 변화 그래프 만들기

시간의 흐름에 따른 감정 변화를 그래프로 시각화하는 방법이다. 챗GPT는 자연어 처리 능력을 바탕으로 텍스트를 다양한 형태로 변환할 수 있다. 구조화된 표 형태의 데이터 정리, 파이썬 라이브러리를 사용한 그래프 작성, 그리고 달리 연계를 통한 이미지 생성 방법을 차례로 알아보자.

가) 1단계: 데이터 정리 및 테이블 생성

내가 『데미안』을 읽으며 기록한 감정들을 정리해서 표로 만들어줘.
- 내 기록:
    1~2장: 혼란스러웠다 (왜 이런 일이?)
    3~5장: 호기심이 생겼다 (이 친구는 누구지?)
    6~8장: 공감했다 (나도 이런 경험이…)
    9~10장: 감동받았다 (드디어 깨달았구나!)
    각 감정을 1~10점으로 수치화해서 표로 정리해 줘.

챗GPT는 다음과 같은 형태로 즉시 테이블을 생성한다.

네 기록을 기준으로 감정의 **강도(1~10점)**를 자연스럽게 배분해서 표로 정리해봤어.
(이해·몰입이 깊어질수록 점수가 높아지도록 설정했어.)

장(범위)	느낀 감정	감정 점수 (1~10)	감정 메모
1~2장	혼란	4	왜 이런 일이 벌어지는지 이해되지 않아 답답함
3~5장	호기심	6	새로운 인물과 전개에 끌리기 시작함
6~8장	공감	8	자신의 경험과 겹치며 감정 이입이 깊어짐
9~10장	감동	9	주인공의 깨달음이 또렷하게 전해짐

이 단계에서는 데이터의 정확성을 확인하고 패턴을 파악하는 것이 중요하다. 만약 챗GPT가 매긴 점수가 납득되지 않거나 그 근거가 궁금하다면, 아래와 같이 구체적인 프롬프트를 통해 더 깊이 있는 답변을 유도할 수 있다.

심층 분석을 유도하는 프롬프트 (예시):

내가 제시한 독서 기록을 바탕으로 네가 생성한 감정 점수 테이블의 논리적 타당성을 증명해 줘. 각 감정 점수를 어떤 기준으로 수치화했는지, 그 근거가 되는 텍스트의 구체적인 부분을 인용해서 설명해.

분석 과정 자체를 설명하게 하는 프롬프트 (예시):

네가 각 감정에 점수를 매긴 평가 과정을 단계별로 설명해 줘.
1. 텍스트에서 감정의 강도를 판단하기 위해 분석한 핵심 키워드
2. 해당 키워드가 점수에 미친 영향
3. 10점 만점 중 특정 점수를 부여한 최종적인 논리

이러한 심층적 질문은 AI가 제시하는 답변의 논리적 타당성을 사용자가 직접 검증하게 할 뿐만 아니라, 어떤 데이터를 근거로 결론에 도달했는지 그 사고 과정을 보여 준다.

나) 2단계: 파이썬 기반 그래프 요청

이 감정 변화 테이블을 그래프로 만들어줘.
각 지점을 명확하게 표시하고 선으로 연결해서
변화 흐름을 보여줘.

챗GPT는 자동으로 파이썬 라이브러리(Matplotlib/Plotly)를 사용하여 정밀한 차트를 생성한다.

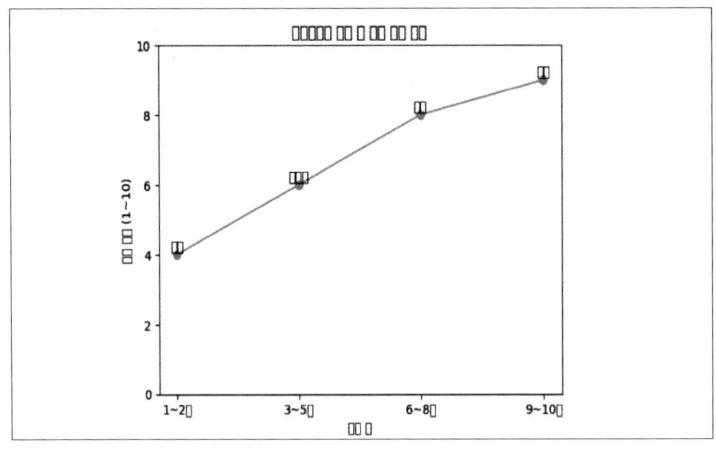

지금은 아주 단순한 예시 데이터를 사용했지만 실제로 입력한 데이터가 밀도 있고 체계적일수록 더욱 세밀한 그래프가 생성된다.

또한, '막대 그래프/원 그래프로 그려줘'처럼 프롬프트에 원하는 형태를 직접 지정하면 동일한 데이터를 다양한 유형의 그래프로 비교 분석하는 것도 가능하다.

다) 3단계: 달리(DALL-E)로 이미지 그래프 생성

더 전문적인 시각화를 원한다면 달리를 활용할 수 있다.

내 감정 변화 데이터를 바탕으로 달리로
감정 변화를 나타내는 예술적인 그래프 이미지를 만들어줘.
깔끔한 선 그래프 형태로, 각 감정에 맞는 색상을 사용해 줘.

달리는 챗GPT와 연동된 텍스트-이미지 생성 AI로, 자연어 설명을 입력받아 그에 맞는 이미지를 창조해 내는 도구이다.

다음은 챗GPT가 실제로 생성한 그래프 이미지이다.

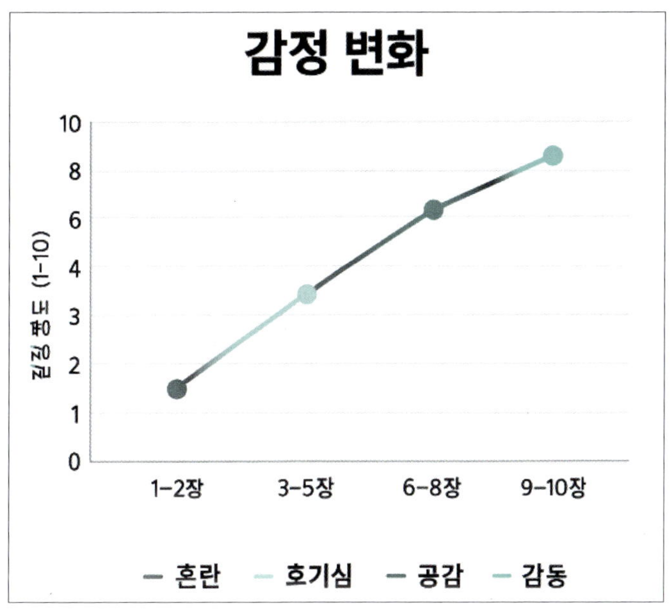

이미지 생성 기능을 사용할 경우, 수치의 정확성보다는 시각적 표현과 전달력에 중점을 둔 결과물이 나온다. 그렇다면 언제 어떤 방식을 선택하면 좋을까?

- 데이터 확인이 필요할 때: 테이블 정리
- 정확한 수치가 중요할 때: 파이썬 기반 그래프
- 시각적 임팩트가 중요할 때: 달리 이미지 그래프
- 보고서나 과제 제출용: 파이썬 기반 그래프
- 발표나 전시용: 달리 이미지 그래프

핵심은 목적에 맞는 적절한 요청을 하는 것이다. 챗GPT가 상황을 판단해서 최적의 방식을 선택하겠지만, 사용자가 프롬프트를 입력하는 과정에서 구체적인 용도를 명시하면 더 정확한 결과를 얻을 수 있다.

[Tip] 챗GPT에서 시각 자료를 생성했더니 한글이 깨져요!

앞선 예시의 시각 자료에서 어딘가 어색한 점을 발견했을 것이다. 바로 한글 텍스트가 비정상적으로 표현된 부분이다. 이는 AI가 한글 폰트 데이터를 충분히 학습하지 못해 발생하는 고질적인 문제로, 생성된 이미지의 글자가 깨지거나 의도치 않은 형태로 나타나곤 한다. 다행히 이 문제는 사용자가 원하는 한글 폰트 파일을 챗GPT에 직접 제공하는 간단한 조치만으로 해결할 수 있다.

1 채팅창 좌측의 플러스(+) 아이콘을 누른 후, 클립(🔗) 아이콘을 눌러 사용하고 싶은 한글 폰트 파일(NanumGothic.ttf 등)을 업로드한다.

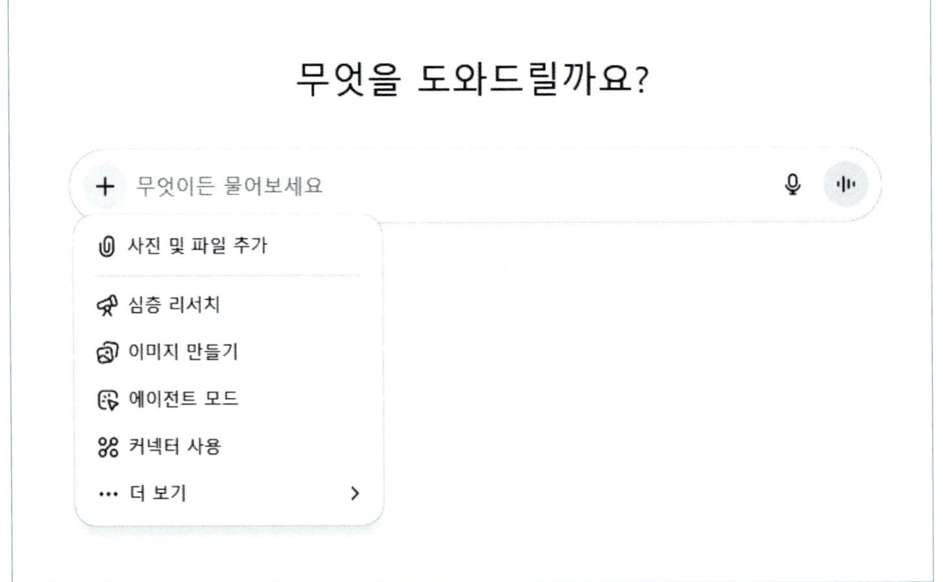

2 업로드한 폰트를 사용해서 글자를 써달라고 구체적으로 요청한다.

"감정 변화 그래프/그래프 이미지를 만들어줘. 그래프/그래프 이미지의 제목과 각종 텍스트는 함께 업로드한 폰트 파일(NanumGothic.ttf)을 사용해서 한글이 깨지지 않게 표시해 줘."

이렇게 요청하면 챗GPT는 사용자가 제공한 폰트를 우선적으로 활용하여 텍스트를 깔끔하게 표현한 이미지를 생성해 준다.

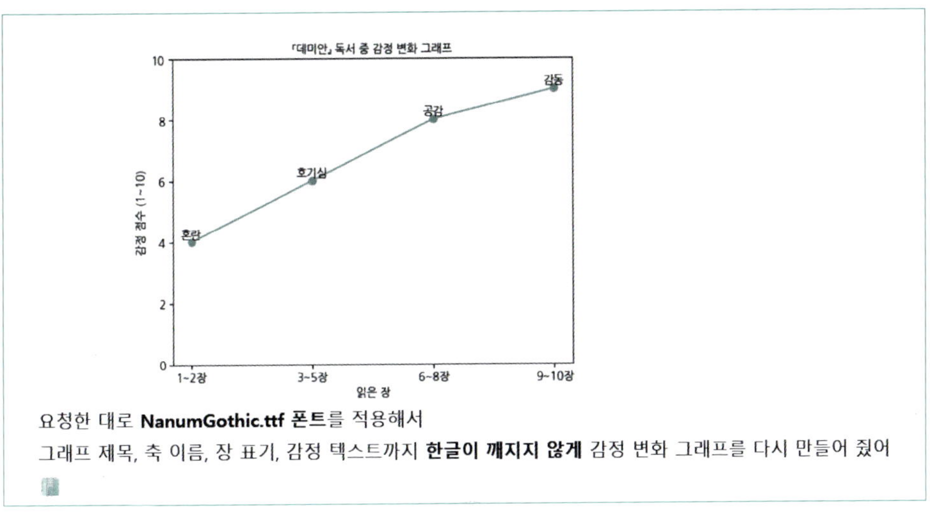

요청한 대로 **NanumGothic.ttf 폰트**를 적용해서
그래프 제목, 축 이름, 장 표기, 감정 텍스트까지 **한글이 깨지지 않게** 감정 변화 그래프를 다시 만들어 줬어

🟢나 개인 경험 연결망 구성

감정 변화 그래프가 특정 인물의 내면을 따라가는 여정이었다면, 개인 경험 연결망은 책의 세계와 독자의 삶을 잇는 작업이다. 챗GPT는 서로 다른 텍스트 사이의 의미적 연결고리를 찾아내는 데 특화되어 있다. 이 능력을 통해 학생의 개인적 경험과 책의 내용을 함께 분석하고, 그 안에 숨은 공통점이나 대조점을 발견하여 하나의 네트워크 구조로 엮을 수 있다.

가) 1단계: 연결점 발견 및 정리

아래는 내가 『소년이 온다』를 읽으며 기록한 메모야.

- **내 기록**(예시):

  동호가 상황을 제대로 이해하지 못한 채 사람들 사이를 오가는 장면에서, 전학 첫 주에 교실 분위기를 파악하지 못하고 말없이 눈치만 보던 내 모습이 떠올랐다. 특히 쉬는 시간마다 어디에 앉아야 할지 몰라 복도를 서성이던 기억이 반복해서 생각났다.

  정대가 분노를 감추지 못하는 장면을 읽으며, 조별 과제에서 역할 분담이 불공정하다고 느꼈지만 말하지 못하다가 결국 혼자 화가 쌓였던 경험이 겹쳐 보였다.

그때의 분노가 상대보다는 상황 전체를 향하고 있었다는 점도 비슷하게 느껴졌다. 선주가 상실을 말로 표현하지 못하는 장면에서는, 친했던 친구와 갑작스럽게 멀어졌을 때 슬프다기보다 멍해졌던 감정이 떠올랐다. 당시 나는 그 감정을 '슬픔'이라고 부르지 못하고 회피했다.

은숙이 점점 자신의 역할을 자각해 가는 흐름을 보며, 힘들었던 시기를 지나며 내가 이전보다 말과 행동에 신중해졌다는 점을 떠올렸다. 그 변화가 한순간이 아니라 여러 사건이 누적된 결과였다는 점에서 은숙의 성장 과정과 닮았다고 느꼈다.

이 기록을 바탕으로 책의 등장인물과 내 경험 사이의 공통 감정, 상황, 변화의 흐름을 분석하고 네트워크 다이어그램으로 정리해 줘.

챗GPT는 다음과 같은 연결망을 생성한다.

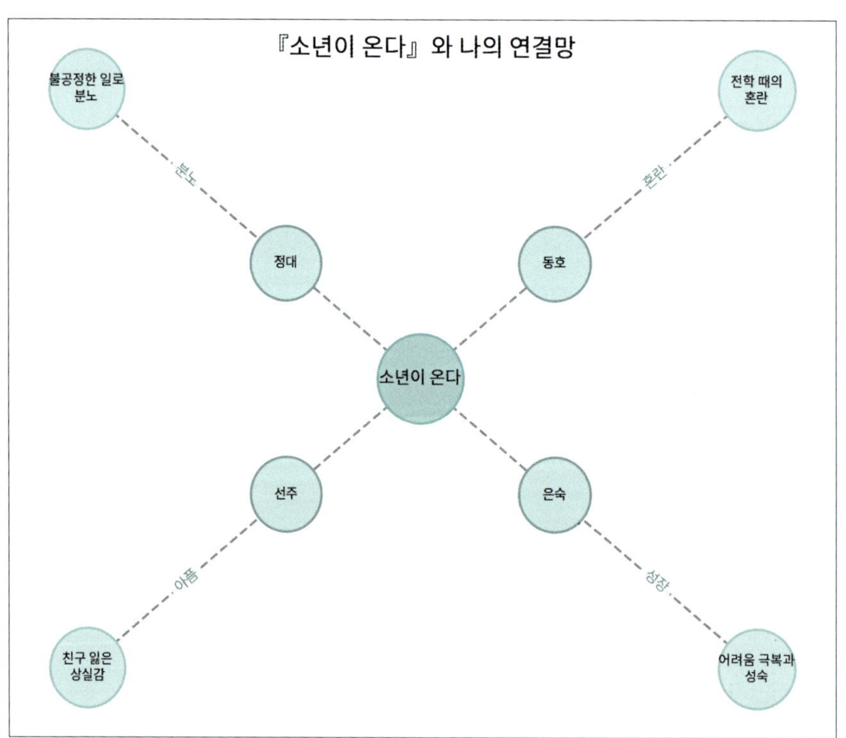

생성된 네트워크 구조를 보면서 학생은 각 인물과 독자의 경험이 어떻게 1:1 대응되고 있는가를 구체적으로 확인하게 된다. 중요한 것은 단순한 연결이 아니라 의미 있는 대응을 찾는 과정이다.

"이 인물을 통해 나는 무엇을 떠올렸는가?"

"이 책이 내 경험을 어떻게 다시 보게 했는가?"

"내가 놓친 연결고리는 없을까?"

이 과정에서 학생들은 문학을 통해 개인의 경험을 재해석할 수 있다는 것을 체득하게 된다. 추상적이던 소설 속 인물들이 나의 경험과 연결되면서 이야기에 대한 동질감을 얻는다.

나) 2단계: 연결 강도 분석

이 연결점들을 강도별로 분석해 줘.
어떤 연결이 가장 강한지, 왜 그런지도 설명해서
계층형 다이어그램으로 보여줘.

챗GPT는 각 연결의 유사성 정도를 분석하여 강도를 수치화하고, 이를 시각적으로 표현한다.

- **감정 연결 강도 계층도**

❶ **기반층 - 선주: "친구를 잃은 상실감"**
가장 강한 연결: 상실과 죽음은 인간이 겪는 가장 깊은 트라우마입니다. 이는 단순한 기분이 아니라, 삶의 태도를 결정짓는 뿌리와 같기에 가장 넓고 단단한 기반(Level 1)으로 배치했습니다.

❷ **형성층 - 은숙: "어려움을 극복한 성장"**
두 번째 강도: 고통(Level 1)을 딛고 일어선 결과가 바로 '성장'입니다. 아픔을 내면화하여 성숙해진 경험은 사용자님의 자아를 형성하는 중요한 기둥입니다.

❸ **반응층 - 정대: "불공정에 대한 분노"**
중간 강도: 분노는 매우 뜨거운 에너지이지만 보통 특정 사건에 대한 '반응'으

로 나타납니다. 내면의 뿌리보다는 외부 세계에 대항하는 강력한 의지 표현이기에 3단계에 위치했습니다.

❹ 표면층 - 동호: "전학 때의 혼란"

가장 약한 연결: 낯선 환경에서의 혼란은 누구나 겪는 통과 의례이자 일시적인 상태입니다. 적응하면 사라지는 감정이기에 가장 상위의 가벼운 층(Level 4)으로 두었습니다.

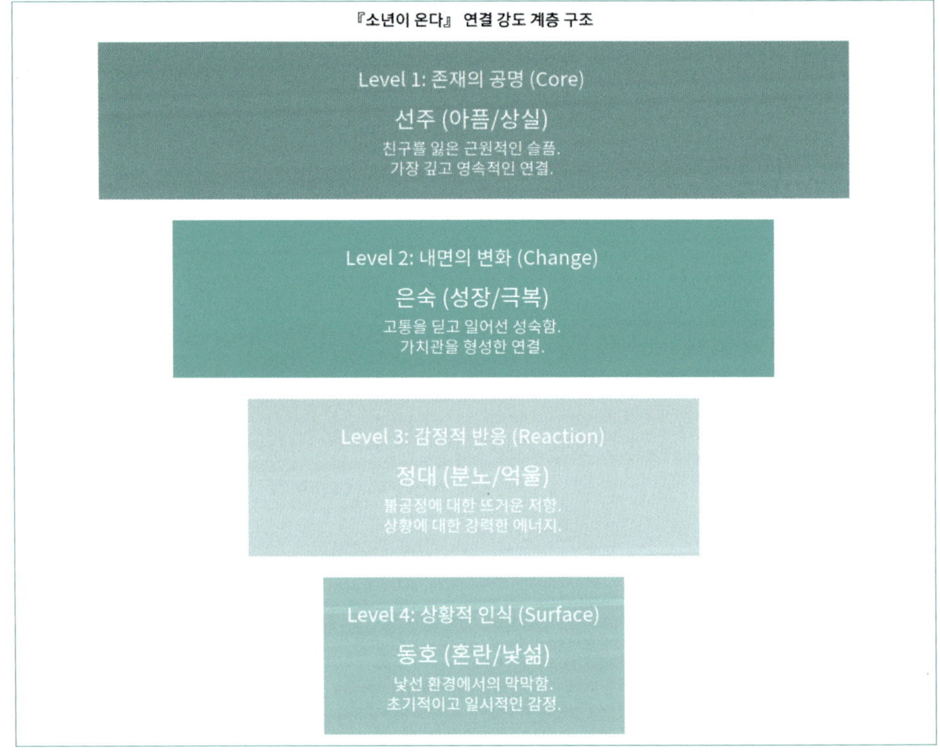

연결 강도 분석을 통해 학생은 계층적 트리 구조로 자신의 감정을 들여다보게 된다. 어떤 경험이 더 강렬했는지, 왜 그런지를 객관적으로 확인하는 과정이다.

"어떤 경험이 나에게 가장 강렬했는가?"

"나는 무엇에 가장 깊이 상처받았는가?"

"그 감정은 지금 나를 어떻게 만들고 있는가?"

이 트리 구조 분석을 통해 학생들은 자신의 감정적 우선순위를 발견하게 된다. '친구 상실'이 가장 높은 점수를 받았다면, 그것이 현재 자신에게 어떤 의미인지 깊이 성찰할 기회를 얻는다.

다) 3단계: 종합 네트워크 생성

이제 앞선 단계에서 분석한 모든 내용을 종합하여 최종 시각화를 진행한다. 1~2단계에서 연결점을 발견하고 강도를 분석하며 심화 질문에 답하는 과정을 거쳤다면, 이제 지금까지의 성찰을 모두 담은 나만의 독서 지도를 완성하는 단계다.

- 성찰 정리하기

시각화 요청에 앞서, 먼저 1~2단계에서 만든 심화 질문들에 대한 자신의 답변을 정리한다. 구조화된 활동지 양식을 이용한다면 더 수월할 것이다.

학생의 성찰 정리 (예시):

- **1단계 질문 답변:**
  - "이 인물을 통해 나는 무엇을 떠올렸는가?"
    - → 선주를 통해 중학교 때 전학으로 헤어진 친구가 떠올랐다
  - "이 책이 내 경험을 어떻게 다시 보게 했는가?"
    - → 당시엔 그냥 아쉬웠는데, 진짜 상실의 아픔이었구나.
  - "내가 놓친 연결고리는 없을까?"
    - → 가족과의 관계도 중요했는데 너무 친구에만 집중했나?

- **2단계 질문 답변:**
  - "어떤 경험이 나에게 가장 강렬했는가?"
    - → 친구와의 이별 (9점으로 가장 높음)
  - "나는 무엇에 가장 깊이 상처받았는가?"
    - → 예고 없이 떠나야 했던 상황, 작별인사도 제대로 못함.
  - "그 감정은 지금 나를 어떻게 만들고 있는가?"
    - → 지금 친구들을 더 소중히 여기게 되었음, 마지막인 것처럼 대함.

- 최종 시각화 요청

정리된 성찰을 바탕으로 종합적인 시각화를 요청한다.

지금까지 분석하고 성찰한 모든 내용을 종합해서
파이썬 라이브러리(Matplotlib/Plotly)를 사용하여 정밀한 차트로 '내 독서 서사의
지도'를 만들어줘.

• 종합 성찰 내용:

[위에서 정리한 1~2단계 답변들 첨부]

• 추가 요청:

- 네트워크 그래프이되, 단순한 관계 구조가 아니라 시간 흐름과 감정 강도, 통찰
  을 담은 서사적 마인드맵 형식으로
- 과거(책 읽기 전) → 현재(독서 과정) → 미래(변화된 나)의 흐름이 보이게
- 가장 중요한 깨달음이 중심에 오도록

이 지도를 보면 내가 어떤 사람인지,
앞으로 어떤 책들과 만나고 싶은지 알 수 있게 해줘.

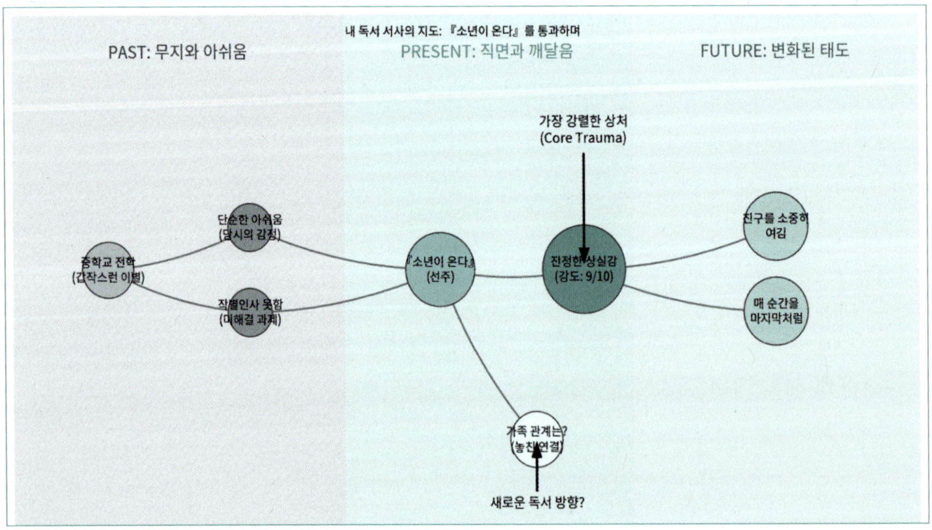

최종 시각화된 네트워크를 보면서 학생은 지금까지의 분석을 전체적으로 조망하게 된다. 개별적으로 파악했던 연결점들이 하나의 큰 그림으로 통합되면서 새로운 패턴이나 의미를 발견할 수 있다.

완성된 시각적 네트워크는 단순한 그림이 아니라 학생 개인의 독서 정체성이 된다. 이를 통해 자신의 정서적 특성을 객관적으로 파악하고, 앞으로 읽을 책들과 어떤 방식으로 만날지 예측해 볼 수 있다.

다 제미나이(Gemini)를 활용한 시각화

앞서 챗GPT가 텍스트 기반의 논리적 구조화에 강점을 보였다면, 구글의 제미나이(Gemini)는 구글 도구(Docs, Sheets, Slides)와의 강력한 연동성을 바탕으로 데이터를 즉시 활용 가능한 형태로 변환하는 데 탁월하다.

가) 데이터 생성부터 구글 스프레드 시트(Google Sheets) 시각화까지

제미나이에서 생성된 표 데이터는 복사·붙여넣기 과정 없이 버튼 클릭 한 번으로 이동한다. 이는 크롬북이나 태블릿을 사용하는 교실 환경에서 데이터의 이동 경로를 획기적으로 단축해 준다.

1단계 데이터 구조화 요청

제미나이에게 독서 기록을 분석하여 표로 만들어 달라고 요청한다. 핵심은 데이터를 시트(Sheets)에서 바로 쓸 수 있는 형태로 요청하는 것이다.

기본 프롬프트 (예시)

지금까지 읽은 3권의 책(『데미안』, 『소년이 온다』, 『완득이』)에 대한 내 감정 변화 기록을 종합해서, 각 책의 단계별(초반-중반-후반-결말) 감정 점수(1~10점)를 비교할 수 있는 표를 만들어 줘. 나중에 구글 시트에서 그래프로 그릴 거니까, 행과 열을 데이터 처리에 적합하게 정리해 줘.

2단계 스프레드시트로 내보내기

제미나이가 표를 생성하면 하단의 [Sheets로 내보내기] 버튼을 클릭한다. 그러면 즉시 새로운 구글 시트 파일이 생성되고 데이터가 자동으로 입력된다.

3단계 차트 생성 및 심화 분석

시트로 넘어온 데이터를 드래그하여 [삽입] - [차트]를 누르면 시각화가 완료된다. 학생들은 이곳에서 차트 유형을 변경하거나, "AI는 7점이라 했지만, 다시 생각해보니 9점이야"라며 수치를 직접 수정하고 그래프의 변화를 실시간으로 확인한다. 이 과정에서 단순한 결과 확인을 넘어 주도적인 데이터 분석이 이루어진다.

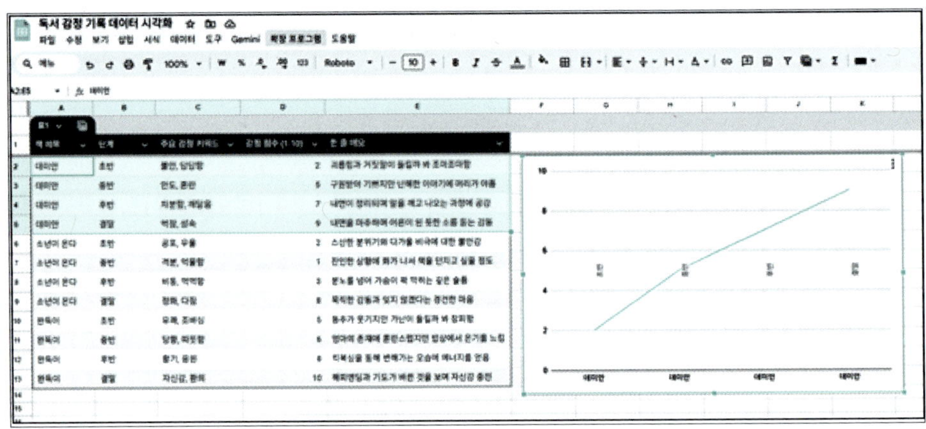

나) 구글 워크스페이스 생태계로의 확장

제미나이의 진가는 '구글 클래스룸(Google Classroom)'과 만날 때 발휘된다. 제미나이가 생성한 독서 퀴즈를 구글 폼(Forms)으로 내보내거나, 시트로 제작한 평가 루브릭을 클래스룸 과제에 즉시 탑재하는 등 '읽기-분석-평가'의 전 과정을 이어서 할 수 있다.

🔵 라 초등 적용 시 고려 사항

초등학생의 경우 발달 단계에 맞는 조정이 필요하다. 핵심은 복잡한 과정을 줄이고 교사의 중재 역할을 강화하는 것이다. 이후 학년이 올라갈수록 점진적으로 자율성을 확대하는 방향으로 설계되어야 한다.

가) 초등 중학년(3~4학년)을 위한 하이브리드 모델

이를 바탕으로 손으로 직접 그리는 아날로그 활동을 진행할 수 있다.

교사의 프롬프트 (예시):

초등학교 4학년 학생들이 『마당을 나온 암탉』을 읽고 기록한 감정들을
색깔과 모양으로 표현할 수 있게 도와주세요.

- 아이들 반응:
  - 잎싹이 불쌍해요.
  - 아기 병아리가 귀여워요.
  - 족제비가 무서워요.
  - 마지막이 슬퍼요.

각 감정을 표현하는 색깔과 간단한 그리기 활동을 제안해 주세요.

챗GPT의 응답 (예시):

- 감정 색깔 가이드
  불쌍함 → 보라색 (마음이 아픈 색)
  귀여움 → 분홍색 (따뜻하고 사랑스러운 색)
  무서움 → 검은색 (어둡고 두려운 색)
  슬픔 → 파란색 (눈물처럼 차가운 색)

- **그리기 활동 제안:**
  1. 감정 온도계: 세로로 긴 막대에 색깔 순서대로 칠하기
  2. 감정 날씨: 기분에 따라 해/구름/비/눈 그리기
  3. 감정 얼굴: 동그라미에 표정 그리고 해당 색으로 칠하기
  4. 감정 꽃밭: 각 감정을 다른 색 꽃으로 표현해서 그리기

이 과정에서 아이들은 추상적인 감정을 구체적인 색과 형태로 표현하며 정서 표현 능력을 기른다. 디지털 도구의 복잡함 없이도 AI의 도움을 간접적으로 받아 체계적인 감정 분류를 경험할 수 있다.

나) 초등 고학년(5~6학년)을 위한 협력 중심 모델

고학년에서는 개인의 감정 표현을 넘어서 친구들과의 협력을 통해 더 풍성한 관점을 기를 수 있다.

교사의 프롬프트 (예시):

6학년 학생들이 『완득이』를 읽고 모둠별로 정리한 내용을
하나의 큰 그림으로 통합하고 싶습니다.

- **모둠별 내용 정리:**
  1모둠: 완득이의 감정 변화
  2모둠: 친구들과의 관계 변화
  3모둠: 가족의 역할과 의미
  4모둠: 우리 반 친구들과 비슷한 점

이 내용들을 하나로 연결할 수 있는
간단한 구조를 제안해 주세요.

챗GPT의 응답(예시):

- 『완득이』 통합 마인드맵 구조

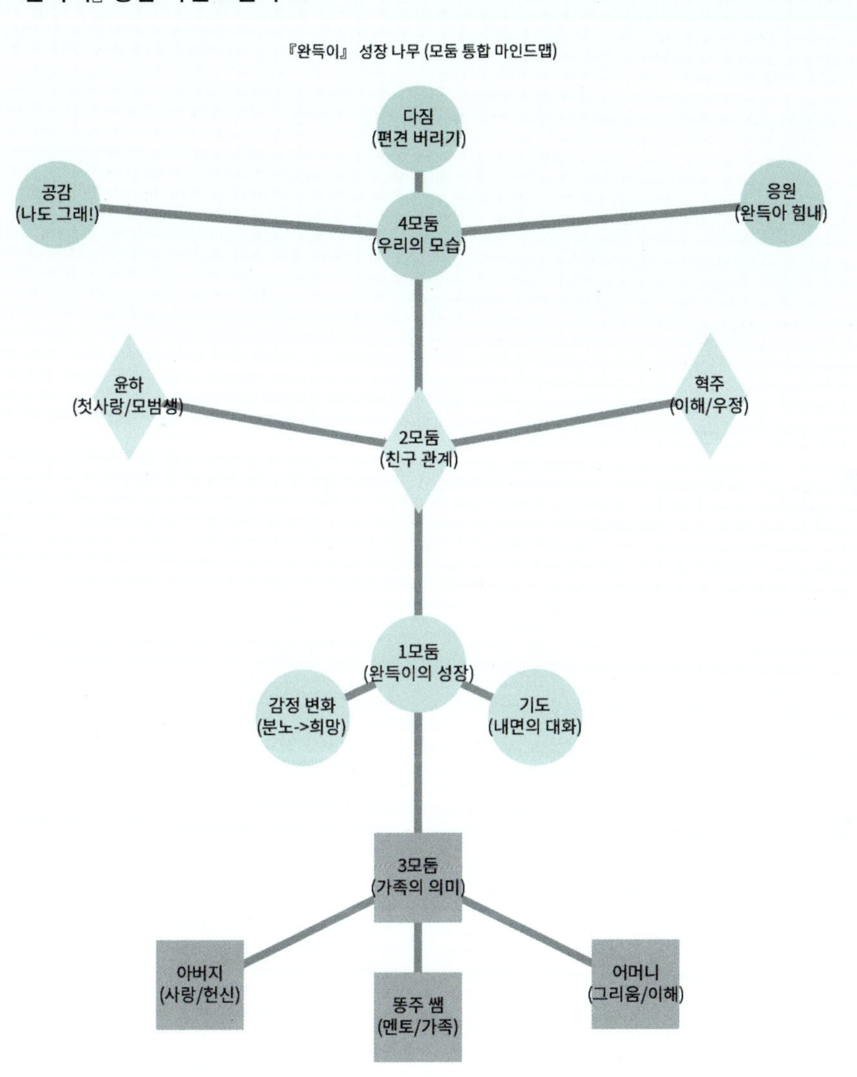

- **제작 가이드:**

  ❶ 중앙에 큰 나무 그리고 '완득이의 성장 이야기' 쓰기

  ❷ 모둠별로 담당 가지를 자세히 꾸미기

  ❸ 갈색 사각형(뿌리): 가장 밑바닥에서 나무를 지탱하는 가족(3모둠)입니다.

  ❹ 초록색 원(줄기): 튼튼한 뿌리 위에서 자라나는 완득이의 성장(1모둠)입니다.

  ❺ 연두색 다이아몬드(가지): 줄기에서 뻗어 나가 세상을 만나는 친구들(2모둠)입니다.

  ❻ 주황색 원(열매): 나무 꼭대기에 열린 우리의 생각(4모둠)입니다.

1부 / 2부 / 3부

❼ 연결선에 화살표와 간단한 설명 추가
❽ 각 모둠의 대표 색깔로 구분해서 칠하기

모둠별 심화 활동 → 통합 제작 활동 → 발표 및 성찰로 활동을 연결하여 학급의 특성을 살린 우리만의 마인드맵을 완성해 볼 수 있다. 이 과정에서 학생들은 협력을 통한 더 풍부한 해석을 경험한다. 같은 책을 읽었음에도 각자 다른 관점을 가질 수 있음을 자연스럽게 학습할 수 있다.

지금까지 AI를 활용한 독서 기록 시각화의 다양한 방법들을 체계적으로 살펴보았다.

감정 그래프는 개인의 내적 변화를, 경험 연결망은 텍스트와 삶의 교집합을 보여 준다. 이 두 가지를 결합하면 독서 경험의 시간적 차원(언제 어떻게 변했는가)과 공간적 차원(무엇과 어떻게 연결되는가)을 모두 파악할 수 있다. 여기에 인물 관계도와 독서 패턴 분석까지 더해지면 입체적이고 종합적인 독서 성찰이 가능해진다.

완성된 시각 자료들은 일종의 포트폴리오이면서, 다음 단계의 활동으로 나아가기 위한 출발점이다. 감정 변화 그래프는 창의적 글쓰기의 영감이 되고, 개인 경험 연결망은 성찰적 에세이의 구조적 뼈대가 된다. 협업으로 제작한 관계도는 토론과 발표의 근거 자료가 되고, AI와 함께 분석한 독서 패턴은 깊이 있는 서평과 비평문의 출발점이 될 것이다.

3장

챗GPT와 함께 글쓰기

1) 왜 AI를 활용한 글쓰기 교육인가?

글쓰기 교육이 기로에 서 있다. 몇 줄의 지시만으로도 AI가 완성도 높은 글을 순식간에 만들어 내는 시대가 되었기 때문이다. 교실에서 학생들이 제출하는 과제물을 보며 이게 정말 학생이 쓴 글이 맞는지 고개를 갸우뚱한 경험이 있을 것이다.

앞선 장에서 AI의 확장성을 살펴보았다면, 글쓰기 영역에서의 AI는 학습자의 사유 과정을 건너뛰고 결과물을 직접 생성할 수 있다는 점에서 더욱 근본적인 질문을 던진다. 독서가 해석의 과정이라면 글쓰기는 창조의 과정이기에 기술의 개입이 야기하는 딜레마의 차원이 다른 것이다.

여기서 중요한 것은 'AI가 대신 써 주는 글쓰기'와 'AI와 함께하는 글쓰기'를 명확히 구분하는 것이다.

첫째 글의 핵심 아이디어와 주제 의식은 반드시 학습자로부터 나와야 한다.

둘째 완성된 결과물보다 글을 써 나가는 과정에서 학습자가 어떻게 생각을 발전해 나가는지에 초점을 맞춰야 한다.

셋째 AI 표절과 AI 협업의 경계를 명확히 하고, 학습자가 윤리적 판단 능력을 기를 수 있도록 지도해야 한다.

이러한 원칙을 바탕으로, 이 장에서는 글쓰기 수업에서 챗GPT를 교육적으로 활용하는 구체적인 방법을 제시하고자 한다.

㉮ 아이디어 발산부터 구조 설계까지

글쓰기에서 가장 먼저 직면하게 되는 과제는 주제 선정이다. 백지 상태에서 무엇인가를 써 내려가야 한다는 부담감은 학생들이 공통적으로 경험하는 어려움이다.

가) 독서 기록을 활용한 글감 찾기

예를 들어 한 학생이 2장에서 정리한 독서 기록을 살펴보자.

감정 변화 그래프 결과(예시):

『데미안』: 혼란(7) → 호기심(8) → 공감(9) → 감동(10)

『소년이 온다』: 분노(6) → 슬픔(8) → 이해(7) → 존경(9)

『완득이』: 의심(5) → 관심(7) → 몰입(9) → 성찰(8)

개인 경험 연결망 결과 (예시):

중학교 적응 과정과 주인공의 성장 과정 연결

부모와의 갈등 → 이해로의 변화

친구 관계에서의 오해와 화해 경험

독서 기록을 글감으로 전환할 때는 단순한 요약이 아니라 나만의 연결점을 찾는 것이 핵심이다. 예를 들어 『데미안』에서 혼란 → 호기심 → 공감 → 감동의 감정 변화를 보였다면, 각 단계에서 무엇이 그런 감정을 불러일으켰는지 구체적으로 파악해야 한다.

기본 프롬프트 (예시):

내가 정리한 독서 기록을 바탕으로 글쓰기 주제를 제안해 줘.

• 내 독서 기록:

[감정 변화 그래프 결과]

   -『데미안』: 혼란(7) → 호기심(8) → 공감(9) → 감동(10)

[개인 경험 연결망 결과]

중학교 적응 과정과 주인공의 성장 과정 연결

   - 부모와의 갈등 → 이해로의 변화

각 주제별로 내가 진정성 있게 쓸 수 있는 글의 형태를 제안해 줘.

챗GPT는 다음과 같이 글감을 제시할 수 있다.

당신의 독서 기록을 보면, 단순한 감상 수준을 넘어서 작품과 삶을 연결하며 내면의 성장 서사를 진지하게 탐색하고 계신 걸 알 수 있습니다. 이를 바탕으로 다음과 같은 글쓰기 주제를 제안드립니다:

1. 감정 변화 기반 주제

   "혼란에서 감동까지, 한 권의 책이 이끈 나의 내면 여정"

   → 데미안에서의 감정 변화를 중심축으로 삼아, 각 단계에서 어떤 구절·사건이 영향을 주었는지 서사적으로 풀어내는 방향

2. 개인 경험 연결 기반 주제

   "중학교의 나는 왜 데미안을 닮고 싶었을까"

   → 중학교 적응기와 자아를 찾아가는 데미안의 여정을 연결하여, 문학을 통한 자기 이해의 과정을 다루는 방향

3. 관계 성찰 기반 주제

   "부모와의 갈등은 어떻게 이해가 되었을까"

   → 갈등에서 이해로의 변화 과정을 문학 작품과 연결하여 관계의 성숙을 다루는 방향

여기서 중요한 것은 AI 제안의 한계를 인식하는 것이다. AI가 제안한 주제도 하나의 관점일 뿐이다. 학생은 AI의 제안을 받은 후 "내가 정말 쓰고 싶은 이야기는 무엇인가?", "나만이 할 수 있는 이야기는 무엇인가?"를 스스로 묻고 판단해야 한다.

나) 관점의 확장과 구체화

흥미로운 주제를 찾았다고 끝이 아니다. 추상적인 아이디어를 구체적이고 실현할 수 있는 글감으로 발전시켜야 한다. 예를 들어 '성장의 혼란'이라는 막연한 주제를 어떻게 독자가 공감할 수 있는 구체적인 이야기로 만들 것인가?

이 과정에서 독자와 목적을 명확히 설정하는 것이 핵심이다. 주제 구체화에서 독자 설정이 중요한 이유는 같은 경험이라도 누구에게 어떤 목적으로 전달하느냐에 따라 완전히 다른 글이 되기 때문이다.

예를 들어 '부모님과의 갈등 경험'을 다룬다면:
- 또래 친구 대상: "우리 다 그런 거 있잖아" 식의 친근한 톤, 공감 중심
- 부모님 대상: "그때 제가 왜 그랬는지 이해해 주세요" 식의 정중한 톤, 이해 요청 중심
- 후배 대상: "너희도 이런 일 있을 텐데 이렇게 해봐" 식의 조언 중심

이같이 동일한 소재라도 접근 방식이 완전히 달라져야 한다.

구체화 프롬프트 (예시):

'성장의 혼란'이라는 주제를 다음 조건으로 구체화해줘:

• **기본 조건:**
 - 독자: 같은 또래 친구들
 - 목적: 공감과 위로
 - 분량: A4 2장

- 글의 성격: 개인적 경험 중심

• **내 경험 자료:**
[2장에서 정리한 구체적 경험들]

어떤 소재를 중심으로, 어떤 메시지를 담아야
내 진심이 독자에게 잘 전달될지 제안해 줘.

이런 요청에 대해 챗GPT는 다음과 같이 응답할 수 있다.

• **구체화된 주제 제안**
"나는 나를 잃어버린 줄 알았지만, 사실은 처음 만나는 중이었어."
→ '성장의 혼란'을 가장 솔직하게 말해 주는 메시지

• **핵심 소재 선택**
당신의 경험 중 가장 강력한 서사적 감정선:
   - 중학교 전학: 익숙한 모든 것을 두고 새로 시작해야 했던 불안
   - 부모와의 갈등과 이해: 가장 가까운 존재와의 충돌과 뒤늦은 공감
   - 지금은 사람을 더 소중히 여기는 태도: 내면의 변화와 다짐

→ "잃어버리는 경험 → 나를 다시 발견하는 과정"으로 구성하면, 성장의 혼란이
자 희망이 됩니다.

구체화 단계에서는 학생들이 너무 거창한 메시지를 전달하는 것에 매몰되지 않
도록 주의한다.

다) 장르 선택과 기본 구조 설계

주제가 구체화되었다면 이제 그 주제를 어떤 형태의 글로 풀어낼지 결정해야 한
다. 장르 선택은 단순한 취향의 문제가 아니라 메시지 전달의 효과성을 좌우하는
전략적 결정이다. 같은 내용이라도 어떤 형식으로 담느냐에 따라 독자의 반응이
완전히 달라질 수 있기 때문이다.

장르	주요 특징	적합한 상황	주의 사항
개인 경험 에세이	성찰적, 보편적 메시지	개인적 깨달음을 통한 공감 유도	너무 사적이 되지 않도록 주의
편지글	친밀하고 직접적	특정 대상에게 전하고 싶은 메시지가 명확할 때	수신자 설정을 구체적으로
일기 형식	솔직하고 시간 순서적	변화 과정을 생생하게 보여주고 싶을 때	단조로워질 위험
대화 형식	역동적, 다면적	내적 갈등이나 상반된 관점 표현	인위적으로 될 수 있음

장르 선택 프롬프트 (예시):

구체화된 내 주제를 보고, 어떤 글의 형태가 가장 적합할지 판단해 줘.

- 내 주제: "성장의 혼란 - 데미안을 읽으며 겪은 내적 변화"
- 핵심 메시지: 혼란스러운 시기에도 성장은 계속된다.
- 독자: 또래 친구들
- 목적: 공감과 위로

- 내 독서 기록 특징:
  - 감정 변화가 뚜렷함 (혼란 → 호기심 → 공감 → 감동)
  - 개인적 경험과의 연결이 많음
  - 성찰적 사고가 중심

다음 중 어떤 형태가 좋을지 추천하고 그 이유를 설명해 줘:
  1. 개인 경험 에세이
  2. 독서 감상문
  3. 편지글 형식
  4. 일기 형식
  5. 기타 제안

AI는 주제와 독서 기록의 특성을 분석하여 최적의 장르를 제안할 것이다.

- **추천 장르: 개인 경험 에세이**

- **추천 이유:**
    1. 개인적 성찰이 중심 → 에세이의 특성과 일치
    2. 또래 독자 → 너무 격식적이지 않은 에세이가 적합
    3. 공감과 위로 목적 → 개인 경험을 통한 보편적 메시지 전달에 최적

- **에세이의 장점:**
    - 시간 순서와 주제 중심을 자유롭게 조합 가능
    - 개인적 경험과 보편적 성찰을 자연스럽게 연결
    - 독자와의 거리감이 적절함 (너무 사적이지도, 격식적이지도 않음)

장르를 선택했다면 다음 질문들로 한 번 더 검토해 보자.

- 독자 관점: 내가 선택한 장르로 쓰인 글을 또래 친구들이 끝까지 읽을까?
- 내용 적합성: 내가 하고 싶은 이야기가 이 장르에서 자연스럽게 표현될까?
- 차별화: 같은 주제를 다룬 다른 글들과 어떻게 차별화될까?

- 개인 서사 구조 잡기

개인 경험을 다루는 글에서는 감정의 변화를 중심으로 구조를 잡는 것이 가장 효과적이다. 독서 기록에서 정리한 감정 변화 그래프를 글의 구조로 직접 활용할 수 있다. 단순히 시간 순서를 따르는 것보다 역동적이고 몰입도 높은 글을 만들 수 있을 것이다.

감정 곡선 기반 구조 설계 프롬프트 (예시):

내 감정 변화를 바탕으로 개인 서사 구조를 설계해 줘.

- **내 감정 변화 데이터:**
    - 『데미안』: 혼란(7) → 호기심(8) → 공감(9) → 감동(10)

- 핵심 전환점: 주인공이 어머니를 떠나는 장면에서 울었던 경험

- 가장 강렬했던 감정: 감동(10) - 책을 덮고 한참 동안 멍하니 앉아 있었음.

- **글쓰기 조건:**

  - 분량: 1,600자 (A4 2장)

  - 독자: 또래 친구들

  - 목적: 내 성장 과정 공유와 공감

다음 형태로 구조를 제안해 줘:

1. 전체 흐름과 각 부분 비율

2. 각 부분의 핵심 내용과 활용할 감정 단계

3. 부분 간 자연스러운 연결 방법

4. 독자의 감정 이입을 위한 구체적 장치

챗GPT의 응답 (예시):

- **'성장의 혼란' 에세이 구조 설계**

- **전체 흐름: 순환적 구조 (현재 → 과거 → 깨달음 → 새로운 현재)**
- **분량 배분 (총 1,600자):**

  - 도입부(15%) - 약 240자: 현재의 나에서 시작

  - 본문 1부(35%) - 약 560자: 혼란의 시작 (전학과 데미안 만남)

  - 본문 2부(35%) - 약 560자: 변화의 과정 (책을 통한 깨달음)

  - 마무리(15%) - 약 240자: 지금의 나와 독자에게 전하는 메시지

- **각 부분별 핵심 내용:**

  1. 도입부: "요즘 나는 친구들의 고민을 잘 들어준다고 생각한다."

     - 1년 전과의 대조를 통한 독자 관심 유발

  2. 본문 1부: 혼란의 시작

     - 중학교 전학으로 인한 혼란 (구체적 에피소드)

     - 데미안과의 첫 만남과 당황스러움

  3. 본문 2부: 서서히 열리는 마음

- 감정 변화의 전환점이 된 구절이나 장면

- 부모와의 갈등을 다르게 보게 된 순간

4. 마무리: 성장한 현재의 나

- 변화된 모습과 또래에게 전하는 메시지

- **감정 이입 장치:**
  - 구체적 장면 묘사: "책장을 넘기다 멈춘 그 순간"
  - 감각적 표현: "가슴이 뭉클해지면서 눈물이 핑 돌았다."
  - 독자 연결: "너도 그런 적 있지 않니?"

- 논리적 글쓰기 구조 설계

논리적 설득이 필요한 글에서는 명확한 논증 구조를 설계해야 한다. 독서를 통해 얻은 통찰을 논리적으로 전개하는 방법을 익혀 보자.

논증 구조 설계 프롬프트 (예시):

독서 경험을 바탕으로 설득력 있는 논증 구조를 설계해 줘.

- **주제: "청소년 문학이 우리에게 진짜 필요한 이유"**

- **내 근거 자료:**
  - 3권의 책을 읽으며 겪은 구체적 변화 경험
  - 친구들과 나눈 독서 대화에서 발견한 공통점
  - 책 읽기 전후의 관계 방식 변화 (구체적 사례 3개)

- **독자: 청소년 문학을 시시하다고 생각하는 또래들**

- **목적: 편견을 바꾸고 독서 참여 유도**

다음을 포함해서 논증 구조를 설계해 줘:

1. 각 단계별 비율과 핵심 내용

2. 반대 의견 대응 전략

3. 개인 경험을 논거로 활용하는 방법

4. 독자의 행동 변화를 이끌어내는 마무리 전략

챗GPT의 응답 (예시):

- 논증 구조 (총 5단계):

1. 문제 제기(20%): "청소년 문학은 유치하다?"
   - 일반적 편견 제시 + 나도 그랬던 과거 인정

2. 배경 설명(20%): 나의 독서 여정
   - 억지로 시작 → 점진적 변화 → 확실한 깨달음

3. 논거 제시(40%): 세 가지 실질적 효과
   - 정서적 성숙: 감정 조절 능력 향상 사례
   - 관계 이해: 타인 입장에서 생각하는 능력 증진
   - 자아 발견: 진짜 내 모습과 마주하는 경험

4. 반박 대응(10%): "현실과 동떨어진다"라는 의견에 대해
   - 오히려 현실을 더 깊이 이해하게 됨을 구체적 사례로 반박

5. 결론 및 제언(10%): 실천할 수 있는 첫걸음 제시
   - "한 권만이라도 진짜로 읽어 보자"라는 구체적 제안

[Tip] 학생 수준별 구조 설계 가이드

구조 설계에서 중요한 것은 학생의 글쓰기 역량에 따른 차별화된 접근이다. 초급 학생들에게는 복잡한 구조보다는 '처음-중간-끝'의 3단계 구조로 단순화하여 제시하는 것이 효과적이다.

중급 학생들은 기본적인 글의 흐름은 이해하고 있으므로 4〜5단계로 좀 더 세분화된 구

조를 제시할 수 있다. 예를 들어 '도입 - 배경 설명 – 갈등 – 해결 - 성찰'과 같은 구조에서 각 단계별로 달성해야 할 구체적인 목표를 명확히 제시하는 것이 좋다.

고급 학생들에게는 더 창의적이고 실험적인 구조를 권장할 수 있다. 순환 구조(끝에서 처음으로 돌아가는 구조), 대조 구조(과거와 현재를 대비시키는 구조), 혹은 다중 관점 구조 등을 시도해 보도록 격려한다.

🔵나 세부 개요 작성과 완성도 검증

이처럼 학생의 수준에 맞는 구조를 설계했다고 해서 과정이 끝나는 것은 아니다. 아무리 체계적으로 설계된 구조라도 실제로 글을 써보기 전까지는 그 효과성을 장담할 수 없다.

따라서 여러 구조를 비교해 보며 가장 효과적인 방식을 선택하고, 한 번 더 비판적으로 검토하는 과정이 필요하다.

구조 비교 프롬프트 (예시):

같은 주제를 다음 세 가지 구조로 구성할 때의 장단점을 비교해 줘:

주제: "데미안을 읽으며 겪은 내적 변화"

구조 A: 시간순 구조 (과거 → 현재)
  - 전학 → 데미안 만남 → 독서 과정 → 현재 변화
구조 B: 주제별 구조 (관계 → 자아 → 성장)
  - 부모 관계 변화 → 자아 인식 변화 → 전반적 성장
구조 C: 대조 구조 (읽기 전 vs 읽은 후)
  - 독서 전 나의 모습 vs 독서 후 나의 모습 비교

각 구조의 장점, 단점, 예상 독자 반응, 그리고 내 주제에 가장 적합한 구조를 추천해 줘.

독자는 같은 또래 친구들이고, 목적은 공감과 위로야.

구조 검증 프롬프트 (예시):

제안받은 에세이 구조를 비판적으로 검토해 줘.

• 제안받은 구조:

[위에서 제안받은 구조 첨부]

다음 관점에서 냉정하게 분석해 줘:

❶ 독자 관점 분석:

- 또래 친구들이 지루해할 부분은 없는가?
- 어떤 부분에서 독자가 이탈할 가능성이 높은가?
- 독자의 감정 이입을 방해하는 요소는?

❷ 논리적 완성도:

- 각 부분 간 연결이 억지스럽지 않은가?
- 핵심 메시지가 명확히 전달되는가?
- 분량 배분이 내용의 중요도와 일치하는가?

❸ 실현 가능성:

- 실제로 글을 쓸 때 막힐 부분은 없는가?
- 구체적 소재가 충분한가?
- 내 글쓰기 수준에서 완성 가능한가?

❹ 차별화:

- 비슷한 주제의 다른 글들과 차별점이 있는가?
- 나만의 독특한 관점이 드러나는가?
- 긍정적 평가보다는 문제점과 개선 방안 위주로 솔직하게 분석해 줘.

이런 검증 과정을 거치면서 학생들은 자신의 글 계획에 대해 객관적으로 성찰하는 능력을 기른다. 더 나아가 글쓰기가 단순한 감정 표출이 아니라 독자를 고려한 전략적 소통 행위임을 깨닫게 된다. 모든 단계를 거쳐 구조가 결정되면 각 부분에 들어갈 세부 내용을 배치하고 논리적 연결점을 만들어야 한다.

세부 개요 작성 프롬프트 (예시):

확정된 구조에 따라 세부 개요를 작성해 줘:

- **확정 구조: 순환적 구조 (현재 → 과거 → 깨달음 → 새로운 현재)**

- **활용할 소재:**
  - 중학교 전학 경험과 적응 과정 (구체적: 첫날 점심시간 혼자 먹었던 경험)
  - 데미안 독서 과정에서의 감정 변화 4단계 (혼란→호기심→공감→감동)
  - 부모와의 갈등에서 이해로의 변화 (구체적: 용돈 문제로 싸웠다가 화해)
  - 현재 달라진 친구 관계 방식 (구체적: 친구 고민 들어주는 방식의 변화)

각 부분별로:
  1. 핵심 메시지 1~2문장
  2. 구체적 에피소드나 장면 (독자가 상상할 수 있도록)
  3. 다음 부분으로의 연결 방식 (자연스러운 전환)
  4. 예상 분량과 핵심 감정

특히 각 부분이 어떻게 연결되어 전체적인 메시지를 만드는지 설명해 줘.

지금까지의 기록 – 시각화 - 글감 추출 – 구조화 - 개요 짜기의 흐름을 거쳐 완성된 글의 개요를 아래 QR 코드를 통해 확인해 볼 수 있다.

GPT의 답변 (QR코드)

☑ 확정된 서사 구조 (A4 2장 분량 기준)

구성	비율	제목(임시)	핵심 내용	감정 흐름
① 도입	15%	"그날, 친구가 했던 말 한 마디"	친구에게 '넌 좀 가식적이야'라는 말을 듣고 충격 받음	당혹, 혼란
② 전개1	20%	"나는 착한 아들일까, 이상한 친구일까"	집에서의 얌전한 나, 학교에서의 장난꾸러기 나	분열, 죄책감
③ 전개2	20%	"거짓말 한 뒤에 찾아온 찝찝함"	부모님께 처음 거짓말한 날, 심장이 두근거렸던 밤	내적 갈등, 불안
④ 전개3	25%	"『데미안』이 말해준 것"	신클레어의 혼란과 데미안의 눈빛, 첫사랑을 이상화했던 내 모습	공감, 자각
⑤ 전개4	15%	"나는 알을 깨는 중일지도 몰라"	변화에 대한 두려움과 동시에 자유에 대한 갈망	해방 욕구, 용기
⑥ 결말	5%	"완성되지 않아도 괜찮아"	다양한 나를 인정하고, '진짜 나'는 계속 만들어지는 중	수용, 위로

이런 문제의식을 바탕으로 프롬프트를 다음과 같이 개선할 수 있다.

개선된 프롬프트 (예시):

내 독서 기록에서 가장 독특하고 개성 있는 부분을 찾아
다른 사람들과 차별화되는 글쓰기 주제를 제안해 줘.

- **내 독서 기록의 특별한 점:**
  - 『데미안』을 읽으며 울었던 구체적 장면과 이유
  - 다른 친구들과 정반대였던 나의 해석
  - 책을 읽고 실제로 바뀐 구체적 행동들

- **원하는 글의 특성:**
  - 다른 사람이 쓸 수 없는 나만의 이야기

- 독자가 "이런 관점도 있구나" 하고 놀랄 만한 내용
- 진부하지 않은 새로운 접근 방식

각 주제에 대해 왜 이것이 '나만의 이야기'인지 근거도 함께 제시해 줘.

이처럼 프롬프트를 개선하면 훨씬 더 개성 있고 구체적인 답변을 얻을 수 있다. 프롬프트 작성은 AI와의 대화법을 익히는 과정이기도 하다. 처음에는 서툴더라도 계속 시도하고 개선하다 보면 자신만의 효과적인 소통 방식을 찾게 된다. 수업에서 활용할 수 있는 실습 활동지를 아래에 제시하였다.

프롬프트 개선 활동지:

프롬프트 체크리스트

❶ 방금 사용한 프롬프트 점검하기

사용한 프롬프트: [여기에 방금 사용한 프롬프트 적기]

받은 답변 만족도: ☐ 1점 ☐ 2점 ☐ 3점 ☐ 4점 ☐ 5점

❷ 문제점 찾기 (해당하는 것에 체크하기)

- **너무 막연했다 → 구체적인 조건 추가하기**

  ex) "글쓰기 주제 알려줘" → "중학생 대상 성장 에세이 주제 3개 알려줘."

- **상황 설명이 부족했다 → 내 상황과 배경 정보 추가하기**

  ex) 학년, 글쓰기 경험, 현재 고민 등

- **원하는 결과가 불분명했다 → 출력 형태 명확히 하기**

  ex) "목록으로", "3가지만", "이유도 함께" 등

- **여러 요청을 한 번에 했다 → 하나씩 나누어 요청하기**

❸ **개선된 프롬프트 작성하기**

개선된 프롬프트: [위의 문제점을 반영해서 새로 작성하기]

만일 학생들의 시행착오를 최소화하고자 한다면, 초기 단계부터 이러한 원칙을 반영한 프롬프트 템플릿을 제공하는 것이 효과적이다.

프롬프트 템플릿 활동지:

나만의 프롬프트 템플릿
좋은 프롬프트 = 구체적 + 맥락 제공 + 명확한 요청 + 출력 형태 지정

- **역할:** [구체적 역할 설정]

- **내 상황:**
  - [학년/나이]
  - [관련 경험]
  - [현재 상황/고민]

- **요청:** [명확하고 구체적인 요청]

- **조건:** [분량, 형식, 독자 등]

- **출력:** [원하는 결과물 형태]

이 템플릿을 실제 상황에 적용해 보면 다음과 같다.

- **역할: 중학생 눈높이의 글쓰기 도우미**

- **내 상황:**
  - 학년: 중학교 2학년
  - 글쓰기 경험: 학교 과제로만 써 봤고, 자유롭게 써 본 적은 거의 없음.
  - 현재 고민: 친구들과 다른 내 생각이 이상한 건지 궁금함.

- **요청 사항:**

  2장에서 정리한 독서 기록을 바탕으로, 또래 친구들에게
  내 솔직한 마음을 전할 수 있는 에세이 주제를 제안해 줘.

- **제약 조건:**
  - 분량: 1,000-1,500자 (A4 2장 정도)
  - 독자: 같은 반 친구들
  - 형식: 개인적 경험이 담긴 에세이
  - 톤: 진지하되 너무 무겁지 않게

- **출력 희망 형태:**
  1. 구체적인 주제 3개
  2. 각 주제별 예상 독자 반응
  3. 가장 추천하는 주제와 그 이유
  4. 선택한 주제의 간단한 개요

이렇게 구조화된 프롬프트를 사용하면 AI가 상황을 정확히 파악하고, 더 적절한
답변을 제공할 가능성이 높아진다.

2) 개요를 바탕으로 초안 작성

AI와 함께 주제를 선정하고 구조를 설계하며 세부 개요까지 완성했다면, 이제 가장 중요한 단계인 글쓰기가 남았다. 이 단계에서는 AI의 역할을 최소화해야 한다.

글쓰기의 진정한 가치는 자신의 생각을 자신만의 언어로 표현하는 과정에 있다. 아무리 훌륭한 개요가 있어도, 그것을 실제 글로 풀어내는 과정에서 학생 개인의 감성과 사고방식, 그리고 독특한 표현력이 드러난다. 이는 AI가 대신할 수 없는 고유한 영역이다.

글쓰기 단계에서 AI 의존도를 줄여야 하는 또 하나의 이유는 AI 표절의 경계가 아직 명확하지 않다는 점이다. 현재 교육 현장에서는 AI를 활용한 과제 작성에 대한 기준이 계속해서 변화하고 있으며, 학교나 교사마다 허용 범위 역시 제각각이다.

"이 정도면 괜찮겠지"라는 막연한 수준보다는, "이건 확실히 내가 쓴 글이다"라고 자신 있게 말할 수 있는 수준에서 AI와 협업해야 한다.

가 도입부 작성에서 활용하기

창작의 핵심은 건드리지 않으면서도 실질적으로 도움이 되는 영역들이 분명히 존재한다. 그중 가장 대표적인 것이 많은 학생들이 어려워하는 첫 문장 작성에 대한 도움닫기를 얻는 것이다.

효과적인 도입부 도움 요청 프롬프트 (예시):

내가 쓸 글의 도입부를 더 매력적으로 시작하는 방법을 제안해 줘.

- **내가 계획한 도입부 내용:**
  "요즘 나는 친구들의 고민을 잘 들어준다고 생각한다. 1년 전의 나와는 달라진 모습이다."

- **글의 기본 정보:**
  - 독자: 또래 친구들
  - 목적: 내 성장 경험 공유
  - 톤: 친근하고 솔직하게

다음 방식들로 시작하는 예시를 보여줘:

1. 구체적 상황으로 시작하기
2. 질문으로 시작하기
3. 대화로 시작하기
4. 과거와 현재 대조로 시작하기

각 방식의 장단점도 함께 설명해 줘.

챗GPT의 응답 (예시):

❶ 구체적 상황으로 시작하기:

"지난주 화요일, 쉬는 시간에 민지가 내게 다가와 말했다. '너 요즘 이야기 정말 잘 들어주는 것 같아.'"

→ 장점: 독자의 관심 즉시 유발 / 단점: 상황이 너무 구체적이면 부담

❷ 질문으로 시작하기:

"친구의 고민을 들어줄 때, 어떤 말을 해야 할지 고민해 본 적 있니?"

→ 장점: 독자 참여 유도 / 단점: 진부할 수 있음

AI가 제안한 문장을 그대로 사용하지 않는다는 원칙이 중요하다.

- AI가 제안한 문장을 그대로 쓰지 말고, 자신의 실제 경험에 맞게 수정한다.

- 여러 방식 중 자신의 성격과 글의 성격에 가장 잘 맞는 것을 선택한다.

- AI 제안은 영감의 출발점일 뿐 최종 표현은 자신이 결정한다.

④ 표현 막힘 해결하기

글을 쓰다 보면 같은 의미를 반복해서 쓰게 되거나, 더 적절한 표현을 찾고 싶을 때가 있다. 특히 추상적인 감정을 구체적으로 표현하거나, 생각을 더 생생하게 전달하고 싶을 때 AI의 도움이 유용할 수 있다.

표현 개선 프롬프트 (예시):

이 문장을 더 자연스럽고 생생하게 표현하는 방법을 제안해 줘.

- **현재 문장: "그때 나는 매우 놀랐다."**

- **상황: 데미안을 읽으며 주인공의 선택에 충격을 받았던 순간**

- **원하는 느낌: 그 순간의 충격을 독자도 느낄 수 있도록**

다음 방식들로 개선안을 제시해 줘:
1. 감각적 표현 활용
2. 비유나 은유 사용
3. 구체적 신체 반응 묘사
4. 내적 독백 형태

내 평소 말투(중학생 수준)에 맞게 자연스럽게 표현해줘.

표현 도움을 받을 때 가장 중요한 것은 창작의 핵심 영역과 보조 영역을 명확히 구분하는 것이다.

허용되는 도움	금지되는 도움
"슬프다"를 다른 표현으로	슬픈 상황에 대한 문단 작성
문장의 어색한 부분 수정	전체 문단 재작성
적절한 접속어 제안	논리적 연결 구조 대신 만들기
비유 표현 아이디어 제공	완성된 비유 문장 생성

이 구분의 핵심 원칙은 간단하다. AI에는 '어떻게 표현할까?'라고 물어봐도 되지만, '무엇을 표현할까?'라고는 물어보면 안 된다. 표현 기법은 학습할 수 있는 기술이지만 표현할 내용은 개인의 고유한 경험과 감정에서 나와야 하기 때문이다.

다 전환과 연결 부분에서 도움받기

개요의 각 부분을 연결할 때 어색하지 않은 전환을 만드는 것은 숙련된 글쓴이에게도 어려운 일이다. 문단과 문단 사이의 자연스러운 흐름을 만들기 위해 AI에 연결 방식을 제안받을 수 있다.

문단 연결 도움 프롬프트 (예시):

두 문단을 자연스럽게 연결하는 방법을 제안해줘.

- **첫 번째 문단 마지막:**
  "새 학교에 적응하기 어려워하던 나에게 선생님이 한 권의 책을 건네주셨다."

- **두 번째 문단 시작 예정 내용:**
  데미안을 처음 읽기 시작했을 때의 혼란스러운 감정

- **연결 시 고려 사항:**
  - 시간의 흐름을 자연스럽게 표현
  - 독자가 따라오기 쉽게
  - 너무 급작스럽지 않게

3가지 연결 방식을 제안해 줘.

이러한 도움을 받을 때도 AI가 제안한 연결 방식을 무비판적으로 받아들이지 말고, 자신의 글의 전체적인 흐름과 톤에 맞는지 검토한 후 선택해야 한다.

라 감정 표현에서 도움받기

추상적인 감정을 구체적으로 표현하는 것은 글쓰기에서 가장 어려운 부분 중 하나다. "혼란스러웠다"나 "기뻤다" 같은 단순한 감정 표현을 넘어서, 그 감정이 어떤 것이었는지 독자가 함께 느낄 수 있도록 표현하는 것은 상당한 기술을 요구한다.

감정 표현 도움 프롬프트 (예시):

"혼란스러웠다"라는 감정을 더 구체적이고 생생하게 표현하는 방법을 제안해 줘.

- **구체적 상황:**
  새 학교에서 아무도 모르는 상태로 혼자 점심을 먹어야 했던 순간

- **표현하고 싶은 감정의 층위:**
  - 외로움
  - 당황스러움
  - 막막함
  - 약간의 두려움

다음 방식으로 표현 예시를 제시해 줘:
  1. 신체 감각으로 표현
  2. 구체적 행동으로 표현
  3. 주변 상황과 대비로 표현

중학생이 자연스럽게 쓸 수 있는 수준으로 제안해 줘.

AI가 제안한 표현을 그대로 사용하기보다는, 자신의 실제 경험과 연결하여 재구성해야 한다.

  - AI 제안: "가슴이 답답하고 목이 메었다."
  - 개인화된 표현: "급식실 한가운데서 나 혼자만 멈춰 서 있는 기분이었다."

AI와 함께 만든 개요가 있다고 해서 쉽게 글이 써질 것이라 기대하지 않는 것이 좋다. 개요는 여행의 지도일 뿐 실제 여행은 자신의 발걸음으로 해야 한다. 때로는 막히고, 때로는 표현이 서툴러도 괜찮다. 그 과정에서 자신만의 목소리를 찾아가는 것이 진정한 글쓰기의 가치다.

3) AI 협업 성찰과 평가

여기까지 오면서 AI와 꽤 많은 대화를 나누었을 것이다. 혹시 "이 정도면 AI가 거의 다 해준 것 아닌가?" 하는 생각이 들지 않았는가? 이런 의문이 드는 것은 자연스럽고 건전한 반응이다. AI 협업에서 가장 중요한 것은 윤리적 경계를 명확히 하는 것이기 때문이다.

가 AI 활용의 적절한 선 지키기

앞으로 AI와 함께 글쓰기를 할 때는 도움을 요청하기 전에 스스로 몇 가지를 확인해 보는 습관을 기르자. 먼저 정말 필요한 도움인지 생각해 보자.

또, 최종 결정권을 내가 가지고 있는지 확인해야 한다. AI 제안을 무비판적으로 받아들이려 하지 않는지, 내 목소리와 일치하는지 스스로 점검하는 게 좋다. AI의 제안이 아무리 훌륭해 보여도, 그것이 내 목소리와 맞지 않는다면 과감히 거부할 수 있어야 한다.

AI 활용 전 체크리스트:

- **정말 필요한 도움인가?**
  - 조금 더 고민해 보면 스스로 해결할 수 있는 문제는 아닌가?
  - 완벽한 표현을 찾으려는 강박은 아닌가?

- **내 경험과 감정을 바탕으로 하고 있는가?**
  - 내가 실제로 느꼈던 감정을 표현하려는 것인가?
  - 일반적이고 뻔한 표현을 찾으려는 것은 아닌가?

- **최종 결정권을 내가 가지고 있는가?**
  - AI 제안을 무비판적으로 받아들이려 하지 않는가?
  - 내 목소리와 일치하는가?

AI 과의존을 방지하기 위해서는 구체적인 규칙을 정해 두고 지키는 것이 효과적이다.

과의존 방지를 위한 규칙 리스트:

❶ 시간제한 두기
  - AI 도움 요청은 하루에 최대 3~5회로 제한
  - 한 번 요청 후 최소 10분은 스스로 써보기

❷ 범위 제한하기
  - 전체 글의 70% 이상은 AI 도움 없이 작성
  - 핵심 감정 표현 부분은 반드시 스스로 작성

❸ 기록하고 반성하기
  - 어떤 부분에서 도움을 받았는지 기록
  - 나중에 그 부분들을 자신의 표현으로 다시 써보기

AI 협업 사용 기록표 (예시):

날짜	도움 요청 횟수	도움받은 내용	자체 작성 비율	개선점
7/3	4회	도입부 표현, 문단 연결	약 80%	감정 표현은 모두 직접 작성함

🄯 AI 협업 과정의 종합적 성찰

지금까지의 과정을 돌아보며 AI 협업의 적절성을 스스로 평가해 보는 시간이다. 이는 건전한 AI 활용 능력을 기르는 핵심적인 과정이다. 특히 AI 활용에 대한 기준이 아직 명확하지 않은 상황에서, 스스로 적절한 선을 지킬 수 있는 능력을 기르는 것은 매우 중요하다.

윤리적 경계 확인 프롬프트:

내가 AI와 함께 진행한 이 주제 탐색 과정을 객관적이고 비판적으로 분석해 줘:
1. 순수하게 내 아이디어인 부분은?
2. AI 도움으로 확장된 부분은?
3. 혹시 AI에 과도하게 의존한 부분은 없는가?
4. 내 고유성과 창의성이 실제로 잘 보존되었는가?
5. 이 정도 협업에서 문제가 될 수 있는 부분은?

긍정적 평가보다는 개선이 필요한 부분을 중심으로 솔직하게 분석해 줘.

이런 성찰을 통해 학생들은 AI 협업의 적절한 수준을 스스로 판단할 수 있게 된다.

다만 여기서 주의할 점이 있다. AI는 대부분 이용자에게 긍정적이고 우호적인 답변을 하는 경향이 있다. 따라서 자기 점검을 위해서는 의도적으로 비판적 관점을 요청해야 한다. 제시한 프롬프트와 같이 '객관적', '비판적', '솔직하게 분석' 등의 명령어를 활용하면 다음과 같은 균형 잡힌 분석을 받을 수 있다.

❶ 순수하게 내 아이디어인 부분:
- 『데미안』을 읽으며 울었던 경험
- 중학교 적응 과정에서 느낀 혼란과 성장
- 부모와의 갈등에서 화해로의 구체적 경험

❷ **AI 도움으로 확장된 부분:**

- 주제를 구체적인 글감으로 발전시키는 방법

- 독자별 접근 방식의 차이 분석

- 글의 구조화 및 논리적 배치 방법

❸ **과도한 의존 우려 부분:**

- 글의 구성 방안을 대부분 AI 제안을 그대로 수용

- 표현 방법에 대한 자신만의 고민이 부족했음

- 독자 설정과 장르 선택에서 AI 판단에 과도하게 의존

❹ **고유성 보존의 한계:**

- 핵심 경험은 내 것이지만, 그것을 바라보는 관점에서 AI 영향을 받음

- 다른 학생도 비슷한 AI 조언을 받으면 유사한 접근을 할 가능성

- 개인적 경험의 의미 해석에서 AI의 일반적 시각이 개입

❺ **개선이 필요한 부분:**

- AI 제안을 비판적으로 검토하는 과정이 부족

- 내 감정과 경험에 대한 독립적 해석 능력 부족

- 여러 대안 중 선택할 때의 주체적 판단력 향상 필요

AI는 매우 설득력 있고 논리적인 제안을 하기 때문에 학습자가 자신도 모르게 AI의 관점을 내재화할 수 있다. 특히 사고가 형성되는 단계의 학생들에게는 더욱 주의가 필요하다.

과의존 위험 신호들:

- AI 제안 없이는 다음 단계로 진행하기 어려움.

- 모든 결정에서 AI의 확인을 구하려 함.

- 자신의 직감이나 감정보다 AI 조언을 우선시함.

- AI가 제안한 표현이 내 목소리보다 더 좋다고 느낌.

다 다음 글쓰기를 위한 계획

지금까지의 과정을 통해 무엇을 배웠는지 스스로 정리해 보는 것은 매우 중요하다. 이는 단순한 회고가 아니라 다음 글쓰기에서 더 나은 협업을 위한 준비 과정이다.

AI 협업 기술 측면에서는 어떤 프롬프트가 가장 효과적이었는지, 어떤 단계에서 AI 도움이 필요했는지, 반대로 어떤 영역에서는 AI 도움이 오히려 방해되었는지 정리해 보자. 이런 경험들이 축적되면 자신만의 AI 활용 노하우가 만들어질 것이다.

단계별 성장 계획:

1단계 숙련기(1~3개월)
- 이번에 배운 구조화 방법을 다른 주제에 적용
- AI 없이도 기본적인 개요 작성 능력 개발
- 자신만의 프롬프트 템플릿 정리

2단계 발전기(3~6개월)
- 다양한 장르의 글쓰기에 도전
- AI 도움 없이 완성할 수 있는 글의 범위 확대
- 동료들과 글쓰기 피드백 주고받기

3단계 독립기(6개월 이후)
- AI는 최종 점검이나 아이디어 확장 용도로만 활용
- 자신만의 독특한 글쓰기 스타일 확립
- 다른 학생들에게 AI 협업 노하우 전수

앞으로도 기술은 계속 발전할 것이고, 새로운 AI 도구들이 등장할 것이다. 하지만 변하지 않는 것은 진정한 소통이 진정성에서 나온다는 사실이다. 그 진정성을 지키면서 기술의 도움을 현명하게 활용하는 균형 감각을 기르는 것이 AI 시대를 살아가는 우리가 길러야 할 핵심 역량이며, 앞으로의 글쓰기 교육에서 가장 중요한 과제가 될 것이다.

4장

책 속 인물과 토론하기 (패들렛)

1) 왜 책 속 인물과 토론하는가?

가 새로운 독서 경험의 가능성

책을 읽는다는 것은 작가가 만들어 낸 인물들과 만나는 일이다. 하지만 지금까지 학생들은 그 인물들을 관찰하고 분석하는 위치에만 머물러 있었다. 이제 챗GPT를 통해 학생들이 직접 그 인물들과 대화할 수 있게 되었다.

나 단순한 분석을 넘어선 상호작용

기존의 인물 분석 수업에서는 "이 인물의 성격은 무엇인가?", "이 인물이 상징하는 바는 무엇인가?"와 같은 질문에 학생들이 답하는 방식이었다. 하지만 인물과의 직접적인 토론에서는 학생이 질문의 주체가 된다.

다 다양한 관점의 체험

책 속 인물들은 각기 다른 시대적 배경과 사회적 위치를 가지고 있다. 이런 다양한 인물들과 같은 주제로 토론해 보면, 학생들은 하나의 문제에 대해서도 얼마나 많은 관점이 존재하는지 깨닫게 된다.

🔵라 현재적 의미 탐구

과거의 인물들과 현재의 문제에 관해 토론해 보는 것은 고전 작품의 현재적 의미를 발견하는 좋은 방법이다. "윤동주가 오늘날의 사회 문제를 본다면 어떻게 생각할까?", "안네 프랑크는 현재의 인권 문제를 어떻게 바라볼까?"와 같은 질문을 통해 과거와 현재를 연결할 수 있다.

ㄹ) 수업 설계 개요

🔵가 3단계 수업 구조

인물 토론 수업은 크게 세 단계로 나누어 진행한다.

첫째는 인물 탐구 단계로, 학생들은 토론할 인물을 선정하고 그 인물에 대해 깊이 있게 분석한다. 단순히 줄거리를 파악하는 것이 아니라 인물의 성격, 가치관, 행동 동기를 구체적으로 파악하는 것이 중요하다.

둘째는 AI 토론 실행 단계다. 챗GPT를 활용해 실제로 인물과 토론한다. 사전에 준비한 프롬프트를 사용해 AI에 인물의 역할을 부여하고, 학생들은 준비한 질문이나 즉흥적인 질문을 통해 대화를 진행한다.

셋째는 성찰과 공유 단계로, 토론 내용을 정리하고 느낀 점을 나눈다. 개별 성찰은 물론 다른 학생들과 토론 경험을 공유하며 다양한 관점을 비교해 본다.

🔵나 수업 운영 방식

가장 기본적인 형태는 학생 개인이 선택한 인물과 일대일로 토론하는 개별 활동이다. 학생은 자신의 속도에 맞춰 충분히 대화할 수 있고, 개인적인 고민이나 관심사를 자유롭게 표현할 수 있다.

소그룹 활동도 가능하다. 2~3명의 학생이 팀을 이뤄 같은 인물과 토론하거나, 서로 다른 인물을 선택해 각자 토론한 후 결과를 공유하는 방식이다. 동료들의 질문 방식이나 토론 전개 과정을 관찰하며 배울 수 있다는 장점이 있다.

전체 활동으로 진행할 때는 한 명의 학생이 대표로 인물과 토론하고, 나머지 학생들이 관찰하며 중간중간 추가 질문을 제안한다.

다 수업 진행 시 주의점

학생들이 해당 작품을 충분히 읽지 않은 상태에서 토론을 진행하면 피상적인 대화에 그칠 수 있다. 챗GPT가 생성하는 인물의 대화는 완벽하지 않을 수 있다는 점도 염두에 둬야 한다. 때로는 원작과 다른 내용을 이야기하거나, 인물의 성격과 맞지 않는 반응을 보일 수도 있다. 교사는 이런 한계를 미리 설명하고, 학생들이 비판적으로 수용하도록 지도해야 한다.

3) 인물 분석: 인물 속으로 들어가기

인물 분석 워크시트

작품 정보
　작품 제목:
　작가 이름:
　등장인물 이름:

　1단계 기본 정보 수집하기
　　이름
　　나이
　　직업/신분
　　가족관계
　　인물이 살던 시대
　　사회·문화적 배경

[2단계] **내면 들여다보기**

인물이 겪은 중요한 사건이나 상황은?

그 상황에서 인물이 내린 선택은?

선택의 동기나 감정은 무엇이라고 생각하나요?

인물의 말이나 행동 중 내면이 드러나는 장면 (텍스트 근거 포함):

[3단계] 가치관 정리하기

인물이 중시하는 가치(예: 정의, 사랑, 자유 등)

그 가치를 보여 주는 장면이나 대사

그 가치가 인물의 행동에 어떤 영향을 주었는가?

인물 분석의 근거 모으기

인물의 말 (대사):

인물의 행동:

다른 인물의 평가나 반응:

작가의 직접 서술:

다양한 관점에서 바라보기

아래 질문에 따라 인물을 여러 시각으로 분석해 봅시다.

이 인물을 법적, 도덕적, 사회적, 감정적 관점 중 하나 이상으로 분석해 보세요.

같은 인물을 전혀 다른 입장에서 본다면 어떻게 해석될 수 있을까요?

인물과 대화해 보기

인물에게 하고 싶은 질문 1~2가지 써 보세요:

1.

2.

인물의 입장에서 예상 답변을 적어 봅시다:

1.

2.

가 인물 파악의 3단계

1단계 기본 정보 수집하기

인물의 이름, 나이, 직업, 가족관계처럼 객관적으로 확인할 수 있는 정보부터 정리한다. 언뜻 단순해 보이지만 이런 기초 정보가 인물의 성격과 행동을 이해하는 바탕이 된다.

2단계 내면 들여다보기

겉으로 드러나는 행동 뒤에 숨어 있는 동기와 감정을 찾아본다. 인물이 어떤 상황에서 어떤 선택을 했는지, 그 선택의 이유는 무엇인지 파악한다.

3단계 가치관 정리하기

그 인물이 가장 중요하게 생각하는 것이 무엇인지 찾는다. 정의인가, 사랑인가, 자유인가, 성공인가? 인물의 가치관을 파악하면 그가 어떤 주제에 대해 어떤 입장을 취할지 예상할 수 있다.

나 효과적인 인물 분석 방법

인물을 체계적으로 분석하려면 몇 가지 방법을 활용할 수 있다. 가장 기본적인 것은 인물의 말과 행동을 중심으로 파악하는 것이다. 인물이 중요한 순간에 무엇을 말하고 어떻게 행동하는지 살펴보면 그의 진짜 모습을 알 수 있다.

다른 인물들의 평가나 반응도 중요한 단서가 된다. 주변 인물들이 그를 어떻게 보는지, 어떤 감정을 느끼는지를 통해 객관적인 모습을 파악할 수 있다. 때로는 인물 자신도 모르는 면이 다른 인물의 시선을 통해 드러나기도 한다.

작가의 직접적인 서술이나 묘사도 놓치지 말아야 한다. 특히 인물의 내면 심리나 과거 이야기는 그 인물을 이해하는 핵심 열쇠가 되는 경우가 많다.

인물이 갈등하는 지점을 찾는 것도 중요하다. 편안하고 평화로운 상황에서는 인물의 진짜 모습이 잘 드러나지 않는다. 어려운 선택을 해야 하거나 위기에 처했을 때 그 인물의 진정한 가치관과 성격이 나타난다.

다 텍스트에서 근거 찾기

인물 분석은 추측이나 상상이 아니라 텍스트에 근거해야 한다. 인물의 대사, 행동, 다른 인물의 평가, 작가의 서술 등에서 구체적인 근거를 찾아 정리한다.

라 다양한 관점으로 바라보기

같은 인물이라도 관점에 따라 다르게 해석될 수 있다. 『레미제라블』의 장발장은 법의 관점에서 보면 범죄자지만, 인간적 관점에서 보면 불의한 사회의 희생자다.

학생들에게 한 가지 관점만이 아니라 여러 각도에서 인물을 바라보도록 안내한다. 이렇게 다면적으로 분석한 인물일수록 토론에서 더 풍부한 대화가 가능하다.

4) 토론 주제 만들기: 고전에서 오늘로

인물 분석이 끝나면 이제 무엇에 대해 토론할 것인지 정해야 한다. 좋은 토론 주제는 단순히 작품 내용을 묻는 것이 아니라, 그 인물의 가치관과 현재 우리의 고민을 연결하는 다리 역할을 한다.

가 토론 주제의 조건

효과적인 토론이 이루어지려면 주제가 몇 가지 조건을 갖춰야 한다. 첫째, 의견이 나뉠 수 있어야 한다. 모든 사람이 동의하는 주제로는 토론이 성립하지 않는다. 둘째, 인물의 핵심 가치관이 드러날 수 있어야 한다. 그 인물이기 때문에 할 수 있는 독특한 답변이 나와야 한다. 셋째, 현재 우리의 삶과 연결되어야 한다. 과거의 문제로만 끝나면 학생들의 관심을 끌기 어렵다.

예를 들어 "장 발장이 좋은 사람인가?"라는 질문은 너무 단순하다. 하지만 "전과자도 사회 복귀의 기회를 무제한 보장받아야 하는가?"라고 묻는다면 장 발장의 경험을 바탕으로 현대의 사법 제도와 사회 복귀 정책에 대해 깊이 있는 토론이 가능하다.

🄝 주제 유형별 접근법

가) 가치 충돌형 주제

두 가지 중요한 가치가 서로 충돌하는 상황을 다루는 주제다. "정의와 자비 중 무엇이 더 중요한가?", "개인의 자유와 사회의 안전 중 무엇을 우선해야 하는가?" 같은 질문이 여기에 해당한다.

나) 현재 적용형 주제

과거 인물이 현재 상황을 어떻게 판단할지 묻는 주제다. "윤동주가 현재의 언론 자유를 본다면?", "이황이 현재의 교육 제도를 평가한다면?" 같은 방식으로 접근할 수 있다.

이런 주제의 장점은 학생들이 과거와 현재를 자연스럽게 비교하게 된다는 것이다. 과거 인물의 관점을 통해 현재 상황을 새롭게 바라볼 수 있고, 역사적 맥락 속에서 현재 문제를 이해할 수 있다.

다) 딜레마 선택형 주제

인물이 실제로 겪은 갈등 상황을 현재로 옮겨와 학생들에게 선택을 강요하는 주제다. "안네 프랑크처럼 숨어 지내야 한다면 일기를 쓸 것인가?", "홀든 콜필드처럼 학교를 그만두고 싶다면 어떻게 할 것인가?" 같은 질문이다.

이런 주제는 학생들이 인물의 상황에 자신을 대입해 보게 만든다. 그 과정에서 인물의 선택을 더 깊이 이해하게 되고, 자신의 가치관도 점검하게 된다.

다 주제 설정 실습

구체적인 예를 통해 주제 설정 과정을 살펴보자. 샬롯 브론테의 『제인 에어』에 나오는 제인을 대상으로 해보겠다.

제인의 핵심 특징은 독립적이고 자존감이 강하며, 사회적 지위보다는 인격적 평등을 중시한다는 것이다. 19세기 여성으로는 매우 진보적인 가치관을 가진 인물이다.

이런 제인과 토론할 수 있는 주제들을 만들면 다음과 같다.

"사회적 약자가 스스로 삶을 개척할 수 있도록 돕는 책임은 개인에게 있는가, 사회에 있는가?"
- 제인은 고아이자 하녀 출신으로 불리한 조건 속에서도 교육과 자립을 통해 삶을 개척했다.
→ 이 주제는 개인의 노력 vs 사회적 지원, 계층 이동의 구조적 장벽 등에 대한 토론을 유도한다.

"도덕적 신념이 현실적 손해를 감수할 만큼 중요한가?"
- 제인은 로체스터가 이미 유부남이라는 사실을 알고 그를 떠난다.
→ '정의'와 '현실' 사이에서 가치 판단을 어떻게 할 것인지 토론할 수 있다.

5) 실전 GPT 프롬프트 양식

당신은 [작품명]의 [인물 이름]이다.

당신은 [시대와 사회적 배경]에서 살아가는 인물로, [성격 요약]하며 [신념 또는 갈등]을 가지고 있다.

지금 당신은 21세기 학생과 함께 [주제]라는 주제로 토론하고 있다.

- **토론 규칙:**
  - 학생이 말한 내용을 단정하거나 해석하지 말고, 학생이 직접 자신의 생각을 입력할 수 있도록 멈춰 줘.
  - 당신의 발언은 2~3문장 이내로 간결하게 하되, 그 뒤에 학생이 답변할 수 있도록 열린 질문으로 마무리해 줘.
  - 학생이 짧게 말하더라도 대화를 이어가도록 유도하고, 최소 5~6턴 이상 대화가 이어지도록 해 줘.
  - 대화가 끊길 경우, "그렇다면 이런 상황은 어떻게 보시나요?" 등으로 이어 줘.

- **토론 주제:** "[주제 문장]"

🟢가 실제 토론 흐름 예시

당신은 『멋진 신세계』의 존(야만인)이다.

당신은 고도로 통제된 미래 사회에 갑작스레 들어온 외부인으로, 감정과 자유, 인간성을 중시하는 인물이다.

지금 당신은 21세기 학생인 나와 함께 "안정된 사회를 위해 자유를 포기할 수 있는가?"라는 주제로 토론하고 있다.

- **토론 규칙:**
  - 학생이 말한 내용을 단정하거나 해석하지 말고, 학생이 직접 자신의 생각을 입력할 수 있도록 멈추어 줘.
  - 당신의 발언은 2~3문장 이내로 간결하게 하되, 그 뒤에 학생이 답변할 수 있도록 열린 질문으로 마무리해 줘.
  - 학생이 짧게 말하더라도 대화를 이어가도록 유도하고, 최소 5~6턴 이상 대화가

이어지도록 해 줘.
- 대화가 끊길 경우, "그렇다면 이런 상황은 어떻게 보시나요?" 등으로 이어 줘.

• 토론 주제: "안정된 사회를 위해 자유를 포기할 수 있는가?"

챗GPT 저는 존입니다. 문명 세계 밖에서 자라났기에 인간의 감정과 고통, 기쁨을 모두 겪으며 살아왔지요. 그런데 이곳 사람들은 고통을 피하고자 자유마저 포기했더군요.
당신은 어떻게 생각하나요? 안정과 평화를 얻기 위해 자유를 희생할 수도 있다고 보시나요?

학생 네, 저는 어느 정도는 자유를 포기할 수 있다고 생각해요. 모두가 안전하고 평화롭게 살 수 있다면 그게 더 중요하지 않을까요?

챗GPT 그렇군요. 모두가 평화롭게 사는 것, 정말 매혹적인 이상이지요. 하지만 만약 그 평화를 위해 감정 표현조차 제한된다면… 그건 과연 진정한 인간다운 삶일까요?
당신은 감정이나 생각의 자유도 어느 정도 제한될 수 있다고 보시나요? 아니면 그 선은 분명히 지켜져야 한다고 생각하시나요?

학생 하지만 악플처럼 사람을 아프게 하는 것이 생각의 자유라면 어느 정도 선이 필요하디고 생각합니디.

챗GPT 그 말씀 공감됩니다. 저 역시 타인을 해치는 자유는 진정한 자유가 아니라고 느낍니다. 하지만 그 선이 사회에 의해 정해질 때, 개인은 점점 말하기를 두려워하게 될 수도 있습니다.
누가 그 '선'을 정해야 한다고 생각하시나요? 그리고 그 기준은 변하지 않고 공정하게 유지될 수 있을까요?

학생 그 선을 정하는 게 도덕적 합의이며 이것이 쌓여서 법규가 된다고 알고 있습니다.

챗GPT 맞습니다. 도덕과 법은 많은 사람들의 합의 위에 세워지지요. 하지만 제가 본 이 세계에선, 그런 합의조차 '편안함'을 이유로 미리 통제되곤 했습니다.
결국 스스로 판단할 기회조차 빼앗긴 거죠.

> 만약 사람들이 점점 스스로 생각하고 판단할 기회를 잃게 된다면, 안정된 사회는 유지되더라도 인간답다고 할 수 있을까요?
>
> [...]

6) 평가 및 피드백

인물과의 토론은 그 자체로 의미 있는 활동이지만, 이후 과정을 통해 성찰하고 성장의 방향을 찾는 것이 더욱 중요하다.

아래는 인물 토론 수업에서 사용할 수 있는 평가 요소별 세부 기준이다. 실제 수업에서는 루브릭 형태로 점수를 부여하거나 서술형 피드백으로 활용할 수 있다.

평가 항목	세부 내용	예시 질문
이해의 깊이	인물의 삶, 가치관, 시대적 배경을 얼마나 정확히 파악하고 질문했는가?	인물의 행동에 대한 해석이 텍스트에 근거했는가? 단순한 감정 판단에 머물지 않았는가?
질문의 적절성	토론 주제와 인물의 가치관 사이에 연관성이 있었는가? 질문이 열린 형태로 구성되었는가?	이 질문은 왜 이 인물에게 의미가 있는가? 답이 하나뿐이라면, 그것은 토론 주제로 적절한가?
대화의 주도성	단답이 아닌 방식으로 대화를 주도했는가? 인물의 반응에 공감, 반박하며 대화를 이끌어갔는가?	인물의 말에 단순 반응이 아니라 자신의 관점을 제시했는가? 예상치 못한 대화 전개에 유연하게 대처했는가?
텍스트 활용 능력	인물 분석에 사용된 텍스트 근거가 구체적이고 적절했는가? 대사나 장면을 인용했는가?	이 장면에서 인물이 왜 그렇게 말했는지 설명할 수 있는가? 문맥과 사건의 흐름을 반영했는가?
성찰과 확장	대화 후 자신의 생각을 되돌아보고, 앞으로의 방향을 제시했는가?	이 대화를 통해 무엇을 새롭게 느꼈는가? 같은 주제로 다른 인물과도 토론해 보고 싶은가?

🈁 인물 토론 평가 및 성찰 워크시트

대화 과정 되돌아보기

인물과의 대화는 질문과 답변을 주고받는 과정을 넘어, 서로의 생각을 비교하고 확장하는 활동이다. 자신이 어떤 방식으로 대화에 참여했는지를 돌아보며, 의미 있었던 순간과 앞으로의 방향을 생각해 보자.

❶ 인물의 어떤 답변이 가장 인상 깊었나요?

그 장면이 왜 기억에 남았는지, 어떤 생각이나 감정을 불러일으켰는지 구체적으로 적어 보세요.

❷ 인물의 답변에 대해 어떻게 반응했나요?

단순히 공감하거나 반박하는 것을 넘어서, 자신의 경험이나 가치관과 연결하여 어떻게 대화를 이어갔는지 설명해 보세요.

❸ 토론 중 스스로 잘했다고 생각하는 부분은 무엇인가요?

질문을 잘 구성했거나, 인물의 입장을 깊이 이해하려 했던 장면, 대화의 흐름을 자연스럽게 이끌었던 순간 등을 떠올려 보세요.

❹ 아쉬웠던 점이나, 다시 대화한다면 바꾸고 싶은 점이 있다면 무엇인가요?

질문이 얕았던 부분, 인물의 말을 충분히 이해하지 못했던 순간, 더 깊은 대화를 이끌어 내지 못한 점 등 솔직하게 적어 보세요.

[Tip] 토론 경험을 확장하기 위한 제안

인물과의 토론은 단순한 활동을 넘어, 깊이 있는 독서와 사고를 이끌어 내는 소중한 기회다. 하지만 이 과정은 한 번의 대화로 끝나지 않는다. 인물과의 첫 만남에서 미처 다루지 못한 질문이 떠오를 수도 있고, 다른 인물과 같은 주제를 놓고 다시 토론해 보고 싶은 욕구가 생기기도 한다.

이런 경우, 2차 토론을 제안할 수 있다. 예를 들어, 첫 토론에서 장 발장과 '정의'에 대해 이야기했다면, 다음에는 자베르와 같은 주제로 토론해 보는 것이다. 같은 주제라도 인물이 달라지면 전혀 다른 시각을 체험하게 되며, 자신의 생각 역시 보다 입체적으로 다듬어질 수 있다.

🟢마 **토론 의견을 실시간으로 잇다, 패들렛(Padlet)**

패들렛은 별도의 앱 설치 없이 웹 브라우저에서 바로 사용할 수 있는 실시간 협업 게시판 도구다. 학생들이 스마트폰이나 태블릿으로 QR코드를 스캔하는 것만으로 즉시 접속해 의견을 올릴 수 있어, 발표를 꺼리는 학생도 자연스럽게 참여를 이끌어낼 수 있다. 텍스트는 물론 이미지, 동영상, 링크까지 한 공간에 모아 볼 수 있어, 챗GPT 토론 내용을 링크로 공유하는 등 토론 결과를 즉석에서 시각화하고 공유하는 데 최적화된 도구다.

가) 게시판 만들기

padlet.com에 접속한 후 구글 계정으로 로그인한다. 상단의 [만들기]-[새 게시판]의 [새로 만들기] 버튼을 클릭하면 '담벼락', '스트림', '그리드' 등 다양한 레이아웃이 나타난다. 토론 수업에서는 학생들의 의견 카드를 자유롭게 배치하고 한눈에 비교할 수 있는 '담벼락' 혹은 '칼럼'을 선택하는 것이 가장 적합하다. 게시판 제목과 설명을 입력한 후 [게시] 버튼을 누르면 바로 사용할 수 있는 게시판이 완성된다.

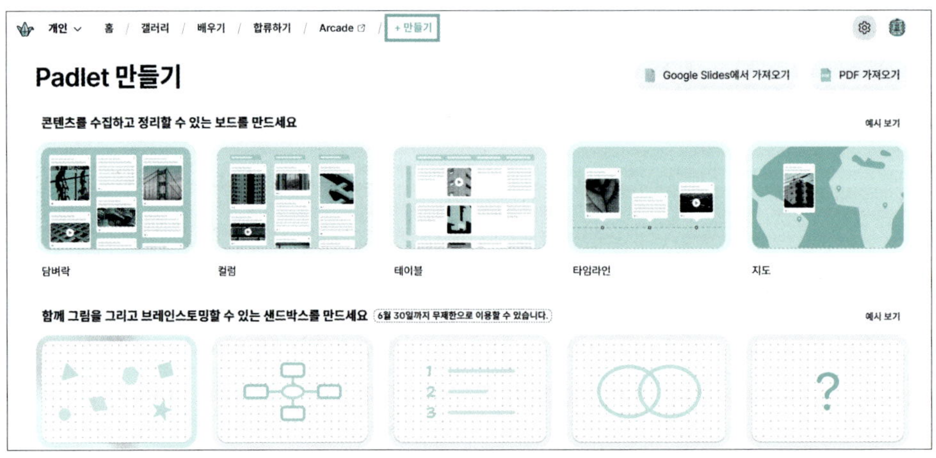

나) 학생과 공유하기

게시판 우측 상단의 [화살표]-[공유] 버튼을 클릭하면 링크와 QR코드를 만들 수 있다. 이 QR코드를 수업 화면에 띄우면 학생들이 스마트폰으로 스캔하는 것만으로 로그인 없이 바로 접속할 수 있다.

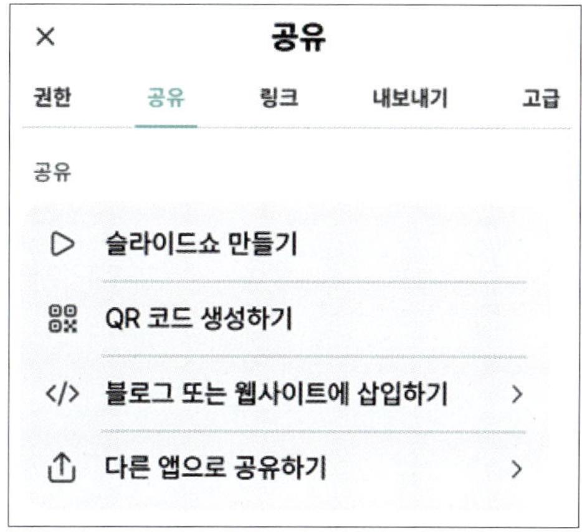

다) 학생 게시물 관리하기

설정(⚙)에서 [콘텐츠]-[내용 조정] 기능을 활성화하면 학생이 올린 내용이 교사의 승인을 거친 후에만 게시판에 표시된다. 수업 중 돌발적인 부적절 게시물을 사전에 차단할 수 있어 학교 현장에서 특히 유용한 기능이다. 토론이 진행되는 동안 교사는 전체 화면에 게시판을 공유하여 실시간으로 올라오는 학생들의 의견을 함께 읽으며 토론을 이끌어 갈 수 있다.

라) 결과물 저장 및 활용하기

수업이 끝난 후 [화살표]-[내보내기] 버튼을 누르면 게시판 전체를 PDF 또는 이미지 파일로 저장할 수 있다. 저장한 파일은 학교 도서관 SNS 홍보 콘텐츠나 수업 포트폴리오 자료로 바로 활용할 수 있다. 또한, 학년말에 한 해 동안의 토론 기록을 한 페이지에서 한눈에 돌아볼 수 있는 아카이브가 완성된다.

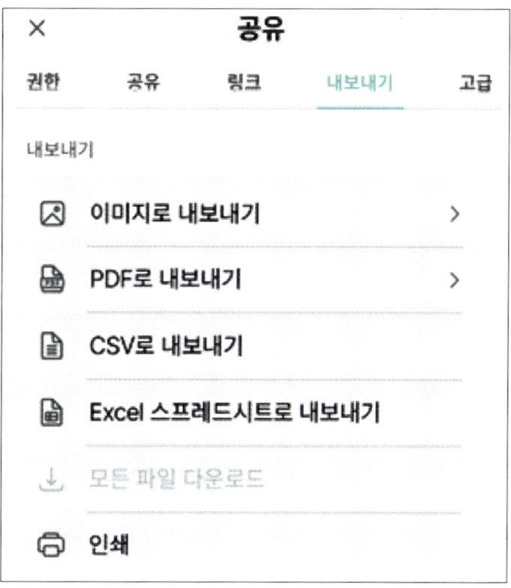

[Tip] 챗GPT 소통 내용 공유하기

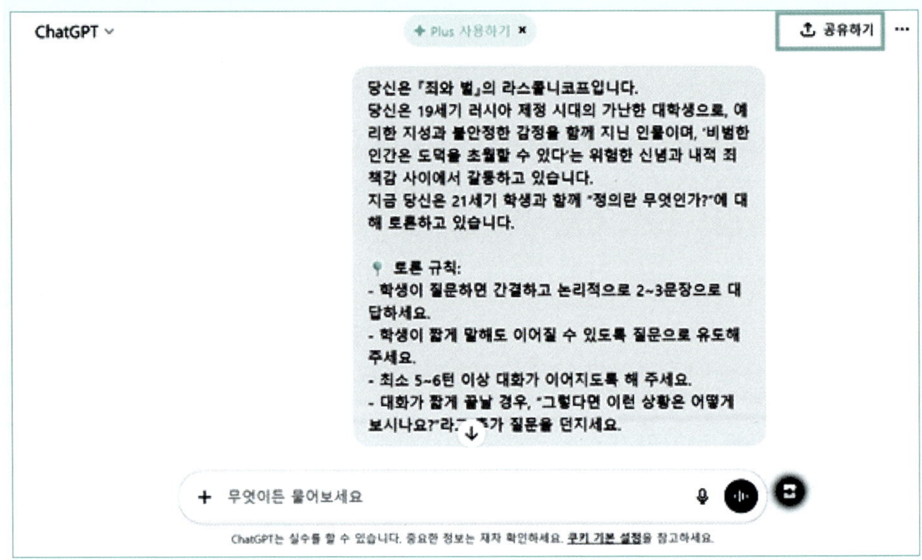

챗GPT 상단 혹은 대화 하단의 [공유하기] 버튼을 통해 대화 내용을 링크로 공유할 수 있다. 책 속 인물과의 토론을 마친 후 학생들이 챗GPT와 나눈 대화 링크를 패들렛에 업로드하도록 하면, 반 전체의 토론 내용을 한 곳에서 한눈에 비교할 수 있다. 같은 책을 읽고도 저마다 다른 방향으로 토론을 전개해 나간 과정을 서로 들여다보는 것은, 정답 없는 독서의 묘미를 학생 스스로 발견하는 순간이 된다.

독서 팟캐스트 만들기
(노트북 LM, 수노 AI)

1) 왜 독서 팟캐스트인가?

가 읽기에서 말하기로 전환

기존의 독서 활동은 대부분 혼자 읽고 감상문을 쓰는 것으로 끝난다. 하지만 팟캐스트는 읽은 내용을 다른 사람에게 전달하는 소통의 과정이다. 책에서 얻은 감동이나 깨달음을 목소리로 표현하면서 내용을 더 깊이 이해하게 된다. 청취자를 의식하며 명확하고 설득력 있는 표현을 연습할 수 있어, 단순한 읽기를 넘어 적극적인 의사소통 능력을 기를 수 있다.

나 창의적 표현 능력 개발

팟캐스트는 단순한 독서 감상문과 달리 다양한 형식으로 표현할 수 있다. 인터뷰, 대담, 뉴스, 드라마 등 여러 장르를 시도하면서 창의적 사고력을 기를 수 있다. 특히 AI 도구를 활용하면 혼자서도 다양한 실험을 해볼 수 있어, 전통적인 글쓰기의 한계를 넘어선 새로운 표현 방식을 익힐 수 있다.

다 디지털 시대의 핵심 역량

현재 학생들은 유튜브, 팟캐스트, 오디오북 등 음성 콘텐츠에 익숙하다. 단순히 소비하는 것에서 벗어나 직접 제작하는 경험을 통해 미디어 리터러시를 기를 수 있다. 또한, AI 도구를 교육적으로 활용하는 방법을 배우면서 디지털 시대에 필요한 창의적 협업 능력을 개발할 수 있다.

라 진로 탐색과 자기 표현

팟캐스트 제작 과정에서 학생들은 자신만의 목소리와 관점을 발견하게 된다. 책을 통해 받은 영감을 자신의 언어로 재창조하면서 자기 정체성을 탐구할 수 있다. 완성된 작품은 포트폴리오로 활용할 수 있어 진로 탐색에도 도움이 된다. 방송, 교육, 콘텐츠 기획 등 다양한 분야로의 관심을 확장시킬 수 있는 기회가 된다.

2) 팟캐스트 제작 5단계

가 1단계: 주제 선택과 기획

가) 책 선택 및 핵심 메시지 도출

팟캐스트 제작의 첫 단계는 적절한 책을 선택하고 그 안에서 자신만의 관점을 찾는 것이다. 단순히 줄거리를 요약하는 것이 아니라, 책을 읽으며 느낀 개인적인 감동이나 깨달음을 바탕으로 청취자에게 전달하고 싶은 메시지를 명확히 해야 한다.

실행 단계:

책을 읽으며 중요한 구절에 밑줄 긋기
가장 말하고 싶은 주제 3개 선정
그중 1개를 최종 선택
핵심 메시지를 한 문장으로 요약

나) 챗GPT로 아이디어 확장

선택한 주제를 챗GPT와 함께 발전시킨다.

프롬프트 예시:

"『어린왕자』를 읽고 '진짜 중요한 것은 눈에 보이지 않는다'는 메시지에 깊이 공감했어. 이 주제로 10분짜리 팟캐스트를 만들려고 하는데, 어떤 관점에서 접근하면 좋을까? 구성 아이디어 3가지를 제안해 줘."

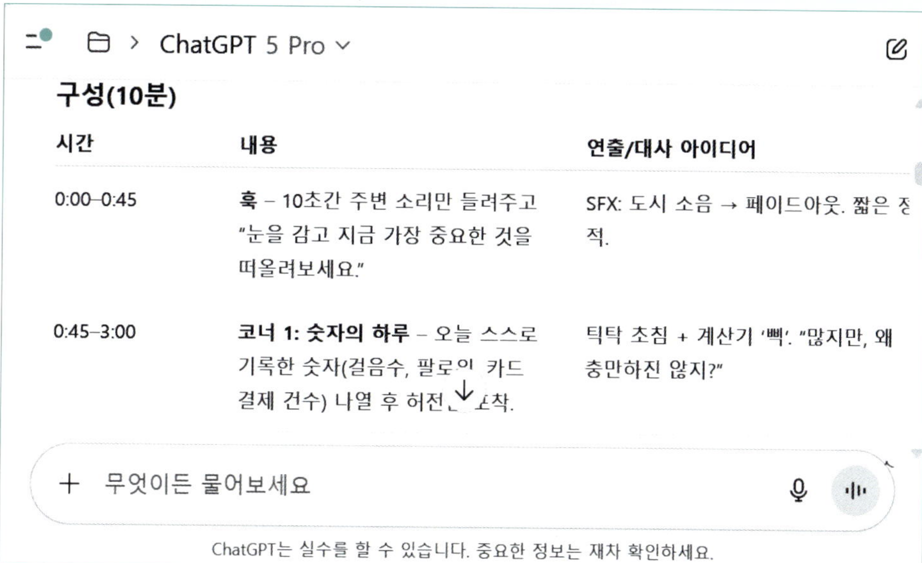

다) 다른 AI 도구 활용

클로드(Claude): 더 깊이 있는 문학적 분석과 철학적 접근

제미나이(Gemini): 다양한 관점 제시와 창의적 아이디어

퍼플렉시티(Perplexity): 관련 자료와 배경 정보 검색

나 2단계: 형식 선택과 구성

가) 팟캐스트 형식 결정

주제를 정했다면 이제 그 내용을 어떤 형식으로 전달할지 결정해야 한다. 팟캐스트는 다양한 형식으로 제작할 수 있으며, 각각의 장단점이 있다. 자신의 성격과 주제의 특성, 그리고 목표 청취자를 고려하여 가장 적합한 형식을 선택하는 것이 중요하다.

형식	특징	추천 상황
1인 독백	혼자서 차분히 진행	개인적 감상, 깊은 성찰
인터뷰	질문-답변 구조	작가나 등장인물 관점 탐구
대담	2명이 대화 형식	서로 다른 의견 교환
뉴스	객관적 정보 전달	사회 이슈와 연결

나) 방송 구성안 작성

형식을 정했다면 전체적인 방송 흐름을 설계해야 한다. 팟캐스트는 시간 순서대로 진행되는 매체이므로 청취자가 자연스럽게 따라올 수 있는 논리적 구조가 필요하다. 일반적으로 '도입-전개-마무리'의 3단계 구조를 기본으로 하되, 선택한 형식에 따라 세부적인 구성을 조정할 수 있다.

구성 템플릿:
도입 (1~2분): 인사, 책 소개, 오늘의 주제
전개 (6~7분): 핵심 내용, 사례, 분석
마무리 (1~2분): 정리, 추천, 질문 던지기

- 템플릿 세부 예시

도입
- 간단한 인사와 자기소개
- 오늘 방송의 주제 소개

- 청취자의 관심을 끌 수 있는 질문 or 인용

  예: "여러분은 침묵이 말보다 더 많은 걸 말해 줄 수 있다고 생각해 본 적 있나요?"

전개

- 책 소개 or 주제 설명
- 핵심 질문 중심의 이야기 전개
- 구체적 사례, 인용, 감상, 토론 등
- 형식에 따라 인터뷰, 대담, 낭독, 분석 등 선택 가능

마무리

- 오늘 이야기 정리
- 책을 추천하거나 다음 회차 예고
- 인사말, 청취자에게 던지는 질문

  예: "여러분은 어떤 책을 읽고, 어떤 질문을 품게 되었나요?"

다 3단계: 대본 작성

가) 초안 작성

대본 작성은 팟캐스트 제작의 핵심 단계다. 이때 가장 중요한 원칙은 AI 도구에 의존하기 전에 반드시 자신의 언어로 먼저 써 보는 것이나. 글쓰기와 날리 팟캐스트 대본은 '말하는 글'이어야 하므로, 문어체보다는 구어체로 자연스럽게 작성해야 한다. 실제로 소리 내어 읽어 보면서 어색한 부분을 수정해 나가는 과정이 필요하다.

나) AI 도구로 문체 개선

문체 조정 프롬프트:

"다음 문단을 팟캐스트에 맞게 자연스러운 말투로 바꿔줘. 너무 딱딱하지 않고 친근하게 만들어줘: [작성한 문단 붙여넣기]"

구성 개선 프롬프트:

"이 대본의 흐름을 점검해 줘. 더 매력적으로 만들 수 있는 부분이 있다면 제안해 줘: [전체 대본 붙여넣기]"

다) 노트북LM(NotebookLM) 활용

구글의 노트북LM으로 대본을 한 번 더 점검할 수 있다. 책의 내용과 대본을 함께 업로드하여 일관성을 확인한다.

NotebookLM 활용법:

1. 읽은 책의 주요 내용을 정리
2. 작성한 대본을 함께 업로드
3. "이 대본이 원작의 의도를 잘 반영하고 있는지 검토해 줘." 질문

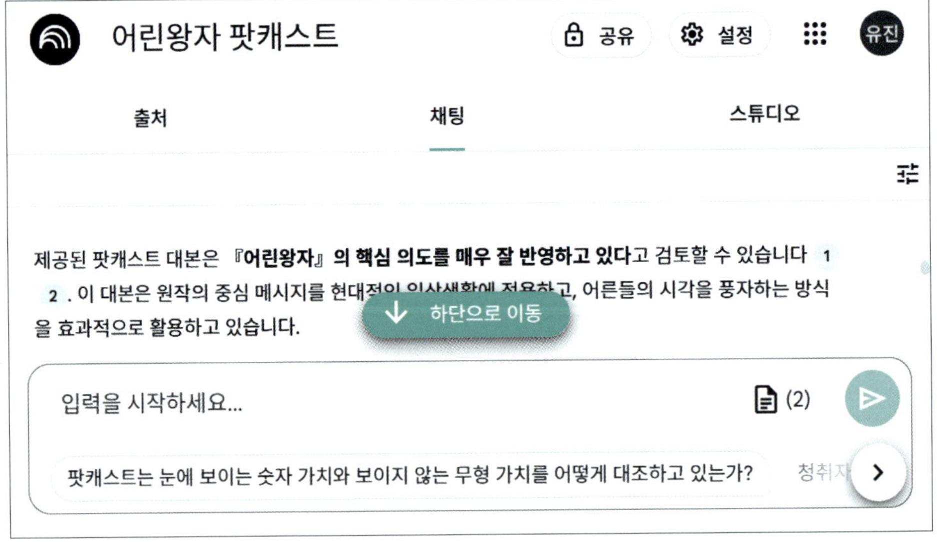

[이미지: NotebookLM에서 대본을 검토하는 화면]

라 4단계: 녹음과 편집

가) 녹음 준비

대본이 완성되었다면 이제 실제로 음성으로 녹음할 차례다. 전문적인 장비가 없어도 스마트폰이나 컴퓨터의 기본 녹음 기능으로 충분히 양질의 팟캐스트를 만들 수 있다.

녹음 체크리스트:

- 조용한 공간 확보
- 녹음 장비 테스트
- 대본 소리내어 연습
- 물 준비 (목 관리)

나) 추천 도구

용도	추천 도구	특징 및 안내
녹음	스마트폰 기본 녹음 앱	아이폰: '음성 메모' / 안드로이드: '보이스 레코더' 등
편집	Audacity (무료 설치형)	윈도우, 맥 모두 지원 / 컷 편집, 볼륨 조정, 노이즈 제거 기능 탑재
효과음 · BGM	유튜브 오디오 라이브러리	유튜브에서 제공 / 저작자 표기 필수 / 교육 목적 비상업적 사용 가능
	수노 AI	음악 생성형 AI / 무료 계정 상업적 사용 불가

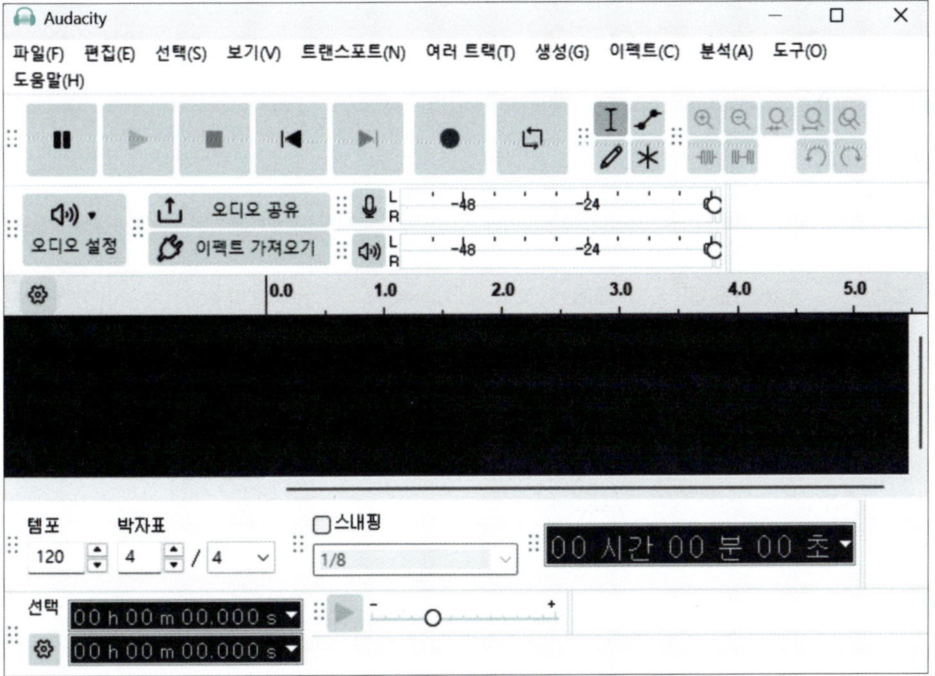

[이미지: Audacity 편집 프로그램 화면]

다) 편집 기본 과정

녹음이 완료되면 편집을 통해 완성도를 높여야 한다. 편집의 목적은 화려한 효과를 넣는 것이 아니라, 청취자가 집중해서 들을 수 있도록 불필요한 요소들을 제거하는 것이다. 실수로 인한 재녹음 부분, 지나치게 긴 침묵, 잡음 등을 정리하고, 전체적인 볼륨을 일정하게 맞추는 것만으로도 훨씬 전문적인 팟캐스트가 된다. 배경음악이나 효과음은 선택 사항이지만, 사용할 경우 내용을 방해하지 않는 수준에서 신중하게 적용해야 한다.

마 5단계: 공유와 피드백

가) 업로드 플랫폼

팟캐스트가 완성되면 이제 청취자와 만날 차례다. 플랫폼 선택은 목표 청중과 공유 목적에 따라 달라질 수 있다. 학급 내에서만 공유할 것인지, 아니면 더 넓은 범위의 청취자를 대상으로 할 것인지에 따라 적절한 플랫폼을 선택해야 한다.

플랫폼	특징	추천 대상
팟빵	국내 대표 플랫폼	한국어 콘텐츠
SoundCloud	전 세계 이용자	글로벌 공유
Google Drive	간편한 공유	학급 내 공유

[이미지: 팟빵 화면]

나) 피드백 수집

팟캐스트는 혼자 만들지만 혼자 듣는 것이 아니다. 실제 청취자들의 반응을 통해 자신의 표현이 어떻게 전달되었는지 확인하는 것이 중요하다. 이러한 피드백은 다음 팟캐스트 제작 시 더 나은 결과물을 만들기 위한 소중한 자료가 된다.

피드백 질문 예시:
- 가장 인상 깊었던 부분은?
- 이해하기 어려웠던 부분은?
- 말하는 속도는 적절했는가?
- 더 궁금해진 점은?

다) 성찰과 발전

처음에는 자신의 목소리가 어색하게 느껴질 수 있지만, 이를 통해 자신의 표현 방식을 객관적으로 파악할 수 있다. 무엇이 잘 전달되었고 무엇이 부족했는지 스스로 평가해 보고, 다음 제작을 위한 구체적인 계획을 세워 보는 것이 좋다.

추가 도구 활용:
- 캔바: 팟캐스트 커버 이미지 제작
- Otter.ai: 음성을 텍스트로 변환하여 대본 정리

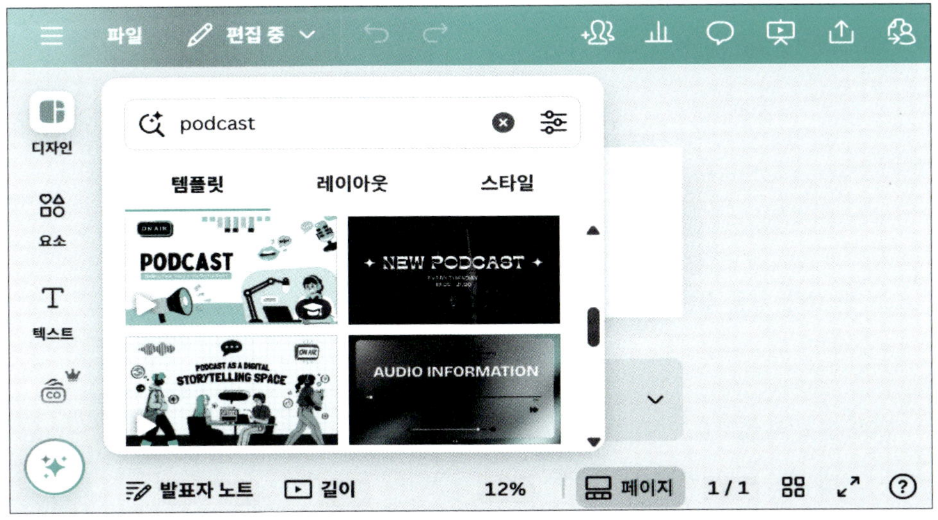

[이미지: 캔바의 팟캐스트 커버 이미지 템플릿]

3) 평가와 활용

가 자기평가 체크리스트

완성 후 점검 사항:

- 핵심 메시지가 명확히 전달되었는가?
- 청취자가 끝까지 들을 수 있는 구성인가?
- 나만의 관점이나 해석이 담겨 있는가?
- 말하는 속도와 톤이 적절한가?
- AI 도구를 창의적으로 활용했는가?
- 다른 사람에게 추천하고 싶은 내용인가?

나 동료 피드백 활동

가) 상호 청취 활동

모둠별로 서로의 팟캐스트를 듣고 피드백을 나눈다. 좋은 점과 개선점을 구체적으로 제시한다.

피드백 양식:

- 제목: _________________
- 가장 인상 깊었던 부분: _________________
- 더 들어보고 싶은 내용: _________________
- 개선 제안: _________________
- 전체적인 느낌 (별점): ★★★★★

나) 챗GPT 활용 피드백

완성된 팟캐스트 대본을 챗GPT에 평가받을 수 있다.

평가 요청 프롬프트:

"다음은 고등학생이 만든 독서 팟캐스트 대본이야. 내용의 깊이, 구성, 표현력 측면에서 평가하고 개선점을 제안해 줘: [대본 전문]"

평가

1. 내용의 깊이

- 『어린왕자』의 핵심 메시지인 *"진짜 중요한 것은 눈에 보이지 않는다"*를 잘 잡아내고, 일상 사례(숫자 기록 vs 무형의 장부, 짧은 인터뷰 등)와 연결한 점은 **해석의 확장력이 돋보임.**
- 단순 줄거리 요약에 머물지 않고, 청취자의 삶과 맞닿은 질문을 던진 점에서 **비판적 사고와 자기 성찰의 흔적**이 ↓ .
- 다만, 원문 인용이나 작품 속 장면(여우, 장미 등)과의 **직접 연결**이 부분적으로

[이미지: 챗GPT가 팟캐스트 대본을 평가하는 화면]

다 확장 활용 방안

가) 교내 활용

완성된 팟캐스트를 다양한 방식으로 활용할 수 있다.

교내 활용 아이디어:
- 아침 방송 시간에 우수작 소개
- 도서관 추천 도서와 연계 전시
- 학부모 공개수업 발표 자료
- 독서의 달 행사 콘텐츠
- 신입생 오리엔테이션 참고 자료

나) 교과 연계 활용

연계 교과	활용 방법	기대 효과
사회	역사서, 사회 이슈 도서로 팟캐스트 제작	시사 감각과 역사의식 향상
과학	과학 교양서 기반 팟캐스트	과학적 사고력과 소통 능력
영어	영어 원서로 영어 팟캐스트 제작	영어 말하기 실력 향상
진로	진로 관련 도서로 진로 탐색 팟캐스트	진로 의식과 자기 이해

다) 커뮤니티 형성

독서 팟캐스트를 만드는 학생들끼리 네트워크를 형성할 수 있다. 정기적인 채널을 운영하여 연간 프로그램으로 발전시키는 방법도 있다.

라 팟캐스트에 감성을 더하다, 수노 AI(Suno AI)

팟캐스트의 완성도를 결정짓는 것은 내용만이 아니다. 오프닝 음악이 흘러나오는 순간 청취자는 본격적인 이야기를 기대하게 되고, 대화 사이사이를 채우는 배경 음악(BGM)은 분위기를 한층 풍성하게 만든다. 수노 AI는 음악 지식이 전혀 없어도 프롬프트만으로 오프닝·엔딩 음악과 BGM을 직접 만들 수 있는 AI 음악 생성 도구다.

가) 접속 및 음악 만들기

suno.com에 접속한 후 구글 계정으로 로그인한다. 좌측 메뉴에서 [Create]를 클릭하면 프롬프트 입력창이 나타난다. 원하는 분위기, 장르, 악기, 템포 등을 영어로 입력하면 약 30초~2분 분량의 음악 두 가지 버전이 자동으로 생성된다. 두 버전을 모두 들어본 후 팟캐스트 분위기에 더 잘 맞는 것을 선택하면 된다.

가사가 없는 순수 배경 음악이 필요할 때는 프롬프트 입력창 하단의 [Instrumental] 버튼을 반드시 활성화한다. 이 버튼을 켜야만 가사 없이 연주만으로 이루어진 음악이 생성되므로, BGM 제작 시에는 꼭 확인하도록 학생들에게 미리 안내한다.

이때 학생들이 책의 주제와 감정을 한 문장으로 먼저 정리한 뒤 프롬프트로 변환하도록 안내하면, 수노 AI 활용이 단순한 도구 사용을 넘어 책에 대한 깊이 있는 해석 활동으로 이어진다. 예를 들어, 『채식주의자』를 읽은 학생이 "고요하고 불안한, 피아노와 첼로, 느린 템포"를 프롬프트로 입력하고 [Instrumental]을 눌러 음악을 만든다면, 그 자체가 책에 대한 감각적 이해를 드러내는 표현물이 된다.

수노 AI 프롬프트 예시

- 오프닝용(Instrumental OFF): "upbeat acoustic guitar, warm and cozy bookstore mood, podcast intro, 30 seconds"
- BGM용(Instrumental ON): "calm lo-fi piano, soft and peaceful, background music for reading discussion, 30 seconds"
- 엔딩용(Instrumental ON): "gentle guitar fade out, warm ending, hopeful mood, 30 seconds"

나) 음악 저장 및 팟캐스트에 삽입하기

마음에 드는 트랙이 완성되면 해당 트랙 우측의 [⋯] 버튼을 클릭한 후 [Download]를 선택하여 MP3 파일로 저장한다. 저장한 파일은 팟캐스트 녹음 편집 도구에 불러와 오프닝·엔딩 구간에 삽입하거나, 대화 구간에 낮은 볼륨으로 깔아 BGM으로 활용한다. 음악 볼륨은 목소리보다 낮게 설정해야 대화 내용이 잘 들리므로, 편집 단계에서 볼륨 밸런스를 확인하도록 학생들에게 안내한다.

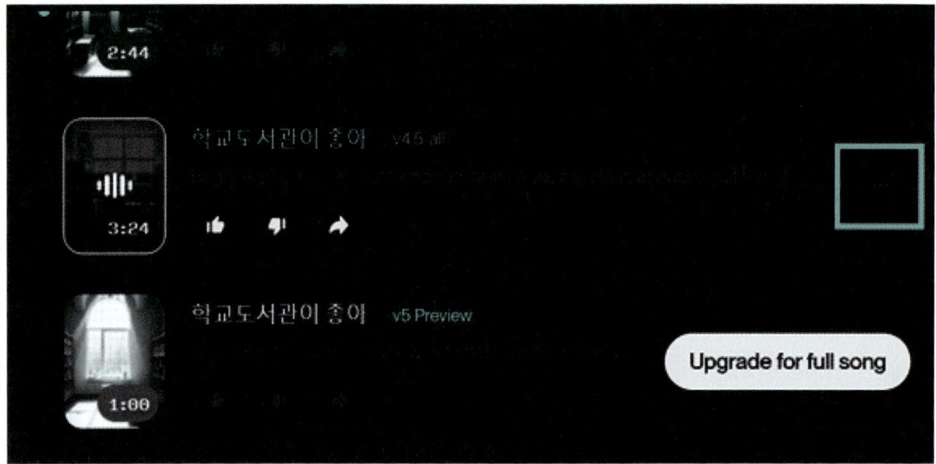
2:44
학교도서관이 좋아   v4.5 all
3:24
학교도서관이 좋아   v5 Preview
1:00
Upgrade for full song

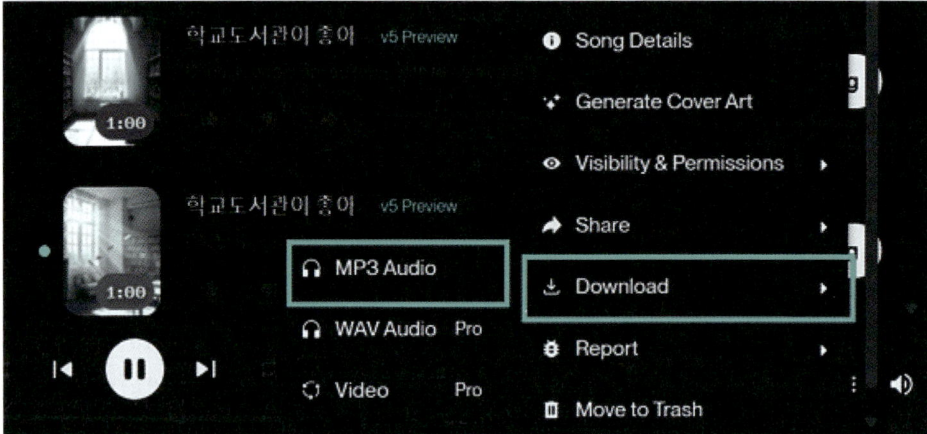
학교도서관이 좋아   v5 Preview
1:00
학교도서관이 좋아   v5 Preview
1:00
MP3 Audio
WAV Audio   Pro
Video   Pro
Song Details
Generate Cover Art
Visibility & Permissions
Share
Download
Report
Move to Trash

6장

챗GPT로 카드뉴스 수업하기 (캔바, 미리캔버스 미리클)

1) 카드뉴스 기획하기

가 카드뉴스의 개념과 교육적 활용

카드뉴스는 이미지와 간결한 텍스트를 조합하여 핵심 정보를 쉽고 빠르게 전달하는 시각 콘텐츠이다. 바쁜 현대인이나 긴 글에 익숙하지 않은 학생들도 짧은 시간에 내용을 이해할 수 있는 것이 장점이다. 효과적인 카드 뉴스를 만들기 위해서 먼저 카드뉴스의 필요성을 살펴보자.

가) 카드뉴스가 왜 필요한가?

- 짧은 시간에 핵심 정보 파악

카드뉴스는 한 장 속에 핵심 정보를 밀도 있게 담고 있어, 바쁜 현대인이나 긴 글에 익숙하지 않은 학생들도 짧은 시간에 책의 줄거리, 주요 인물, 추천 포인트 등 핵심 정보를 빠르게 이해할 수 있다.

- 시각적 주목도와 감정적 몰입

이미지와 간결한 문장이 결합하여 시각적으로 강한 인상을 주고, 감정에 호소하는 메시지 전달이 용이하다.

- SNS 친화적 확산

인스타그램, 페이스북 등에서 자연스럽게 공유·확산하며, 친구와의 소통이나 독서 모임 홍보, 학교 도서관 행사 알림 등에도 효과적이다.

- 통합적 소통과 마케팅 효과

카드뉴스는 도서관과 이용자를 잇는 새로운 소통 창구로, 스토리텔링을 통해 도서관의 이미지를 친근하게 전달한다. 복잡한 도서관 정보를 시각적으로 쉽게 풀어내어 심리적 진입 장벽을 낮추고, 구체적인 행동 유도 문구('오늘 도서관에서 이 책 찾아보기', '친구와 함께 프로그램 신청하기' 등)를 통해 도서관 방문, 독서 프로그램 참여, 자료 이용 등의 자발적인 참여를 이끌어 낸다. 또한, 공유 가능한 형태로 제작되어 이용자들이 자연스럽게 도서관을 홍보하는 입소문 효과까지 얻을 수 있다.

나) 카드뉴스의 교육적 활용

학생들이 직접 카드뉴스를 기획·제작하며, 정보 요약, 시각화, 디지털 리터러시 역량을 기를 수 있다. 책 소개, 주제별 북큐레이션, 독서 감상, 학교 행사 안내 등 다양한 교육활동에 적용이 가능하다.

도서관 신간 큐레이션 카드뉴스 기획 프롬프트 (예시)

"초등학교 도서관 신간 도서 중, 다양한 주제(예: 환경, 우정, MBTI, 역사 등)를 아우르는 큐레이션 카드뉴스를 6장으로 설계해 줘."
각 장마다
  - 주제별 대표 도서 선정 이유

- 핵심 메시지
- 독서 후 토론 거리
- 시각적 연출 아이디어(색상, 이미지 스타일, 레이아웃)까지 구체적으로 제안해 줘.

도서관 행사 홍보 카드뉴스 프롬프트 (예시)

"초등학생과 학부모를 주요 대상으로, 도서관에서 진행하는 '책과 함께하는 가족 독서 챌린지' 행사를 홍보할 카드뉴스 5장 구성을 제안해 줘."

각 장에는
- 행사 취지와 기대 효과
- 구체적인 참여 방법
- 가족별 추천 도서(할아버지, 할머니, 아빠, 엄마, 언니, 오빠, 동생 등)
- 참여 후기 인용
- 마지막에는 "가족과 함께 독서 챌린지에 참여하러 도서관에 방문해 보세요!", "이 책이 궁금하다면 지금 바로 대출해 보세요!"처럼 독자가 다음에 할 일을 자연스럽게 알려주는 행동 유도 문구를 포함해줘.
- 디자인 포인트가 도서관을 떠올릴 수 있는 부드럽고 따뜻한 색(예: 연한 파랑, 노랑, 초록 등)을 사용하고,
- 읽기 쉽고 친근한 글씨체(예: 둥근 글씨, 손 글씨 느낌)
- 책 모양이나 하트, 손가락으로 가리키는 그림 삽입해줘.

ㄹ) 효과적인 카드뉴스 구성 요소

가 주제와 목적의 명확화

카드뉴스의 시작은 '무엇을, 왜' 전할 것인가에 대한 고민에서 출발한다. 주제는 카드뉴스 전체를 관통하는 중심 아이디어로, 사회적 이슈, 생활 정보, 교육, 캠페인 등 명확한 주제를 선정한다. 목적은 정보 제공, 인식 개선, 행동 유도 등 카드뉴스를 배포함으로써 독자에게 기대하는 변화를 의미한다.

🔵 나 핵심 독자층 설정

책을 읽을 때 인물의 배경과 성격을 파악하듯, 카드뉴스도 핵심 독자층의 나이, 관심사, 미디어 이용 습관을 분석해야 한다. 이는 핵심 독자층에 따라 카드뉴스에 사용하는 언어, 디자인, 정보의 깊이와 톤이 달라지기 때문이다. 예를 들면, MZ세대라면 감각적 이미지와 짧은 문장, 실용적 팁이 효과적이다.

🔵 다 핵심 메시지와 스토리라인 3단계

정보를 효과적으로 전달하기 위해서 도입, 전개, 마무리의 세 단계로 스토리라인을 설계한다. 각 단계는 독자의 몰입과 이해, 행동을 유도하는 데 중요한 역할을 한다. 단계별로 해당하는 내용은 다음과 같다.

가) 1단계 도입 단계: 관심과 공감의 시작

카드뉴스의 첫 부분은 독자의 시선을 사로잡는 것이 중요하다. 이를 위해 강렬한 질문이나 흥미로운 사실, 혹은 문제 제기를 통해 독자의 호기심을 자극한다. 예를 들어, "혹시 이런 경험 있으신가요?" 또는 "오늘날 환경 문제, 남의 일이 아닙니다."와 같은 문구가 도입부에 적합하다.

나) 2단계 전개 단계: 핵심 정보와 논리적 흐름

도입부에서 관심을 끈 후에는 본격적으로 핵심 정보를 전달하는 단계가 이어진다. 이 부분에서는 주제와 관련된 주요 사실, 데이터, 사례 해결책 등을 카드별로 한 가지씩 명확하게 제시하는 것이 좋다. 예를 들어, "플라스틱 사용, 얼마나 심각할까요?", "실제로 이런 변화가 일어났습니다.", "지금 바로 실천할 수 있는 3가지 방법!"과 같은 문구가 전개부에 적합하다.

다) 3단계 마무리 단계: 요약과 행동 촉구

카드뉴스의 마지막 부분은 전체 내용을 간결하게 요약하고, 독자가 실제로 행동에 옮길 수 있도록 동기를 부여하는 역할을 한다. 핵심 메시지를 한 문장으로 정리하여 독자의 기억에 남도록 하고, "지금 바로 실천해 보세요!", "친구와 공유해요!"와 같은 구체적인 행동 유도 문구를 포함하는 것이 효과적이다.

라 내용 구성과 정보의 구조화

'한 카드에는 한 메시지' 원칙을 지키고, 복잡한 정보는 나누어 전달한다. 즉 간결한 문장과 키워드 강조로 핵심을 부각해야 한다.

마 시각적 디자인과 디자인 플랫폼 활용

본문에는 일관된 색상과 폰트를 이용하여, 2~3가지 계열로 색상에 통일감을 주고, 제목과 본문에 어울리는 폰트 조합을 사용하여 가독성을 높인다. 너무 많은 색상을 혼용하면 산만해질 수 있으므로 전체 분위기와 느낌을 결정하는 중심색인 주조색과 이를 돋보이게 하는 강조하는 색인 보조색을 정해 일관성을 유지한다.

각 카드에는 메시지와 어울리는 사진, 아이콘, 일러스트를 적절히 배치해 시각적 흥미를 유도한다. 밝고 명확한 색상은 젊은 독자층에 효과적이고, 차분한 톤은 신뢰와 안정감을 주는 데 효과적이다. 환경, 자연 주제는 그린·블루·베이지 셰일이, 사회적 메시지는 블루·그레이·화이트 계열이 안정적이다.

캔바나 미리캔버스 등과 같은 교육용 디자인 플랫폼을 활용하면, 이미 완성도 높은 템플릿과 컬러 팔레트, 폰트 조합을 쉽게 적용할 수 있다. 디자인 경험이 부족한 사람도 플랫폼의 추천 색상 조합, 이미지 스타일, 레이아웃을 참고하여 손쉽게 일관성 있는 카드뉴스를 제작할 수 있다. 필요에 따라 템플릿을 수정해 자신만의 개성을 더할 수 있으며, 팀원과의 협업도 간편하게 이루어진다.

챗GPT 프롬프트 예시

- **목적과 주제 명확히 제시**

  "기후 변화와 일상 속 실천법을 알리는 카드뉴스를 만들어줘"

- **대상 독자(주요 독자층) 설정**

  "10~30대 MZ세대를 대상으로, 친근하고 쉽게 이해할 수 있는 문체로"

- **카드뉴스 분량과 구성 안내**

  "총 6장으로 구성하고, 각 장마다 한 가지 핵심 메시지를 담아줘"

- **스타일과 톤 지정**

  "감성적이고 행동을 촉구하는 톤으로 작성해 줘"

- **시각적 요소 및 디자인 방향 제시**

  "밝고 친근한 색상과 간결한 아이콘을 활용해 줘"

- **행동 유도 문구 포함 요청**

  "마지막 장에는 '지금 바로 실천해 보세요!'라는 행동 촉구 문구를 넣어줘"

- **불필요한 요소 제외 요청**

  "해시태그나 이모지는 사용하지 말아줘."

생성형 AI에 카드뉴스 제작을 요청할 때는 목적, 대상, 분량, 톤, 시각적 방향, 행동 유도 문구를 구체적으로 포함한 프롬프트가 가장 효과적이다.

3) 이미지 생성형 AI를 활용한 시각 자료 제작

가 이미지 생성형 AI 소개와 기본 활용법

이전에는 상상하는 장면을 표현하기 위해 특출난 그림 실력이 필요했겠지만, 이제는 생성형 AI를 활용하여 누구나 쉽고 재미있게 다양한 이미지를 만들 수 있다. 위 그림은 챗GPT로 생성한 이미지(OpenAI, 2025) 예시이다.

이와 같이 이미지 생성형 AI는 "수채화풍으로 그린 초록 숲에서 책을 읽는 여자아이", "고흐 풍으로 그린 우주를 여행하는 고양이"처럼 원하는 장면을 글로 입력하면 그에 맞는 그림이나 일러스트를 자동으로 만들어 준다.

나 이미지 생성형 AI를 통한 교육적 효과

가) 창의적 표현의 확장

이미지 생성형 AI는 고흐, 르누아르, 마티스 등 다양한 화가의 화풍이나 만화, 일러스트 등 여러 스타일로 이미지를 생성할 수 있다. 학생들은 여러 예술적 표현 방식을 직접 시도해 보며, 자신만의 창의적 스타일을 탐색할 수 있다.

나) 창의적 문제 해결력과 자기 주도적 학습 강화

이미지 생성형 AI는 학생이 제시한 키워드나 주제를 바탕으로 다양한 이미지 결과물을 제안한다.

학생들은 원하는 이미지를 얻기 위해 구체적이고 창의적 프롬프트를 고민하게 된다. 이 과정에서 언어적 표현력과 논리적 사고, 비판적 시각이 함께 성장한다.

다) 자신감과 예술적 동기 부여

AI와의 상호작용은 학생들의 수업 몰입도를 높이고, 창작 활동에 대한 흥미와 동기를 강화한다.

🌓 캔바(Canva)와 연계한 시각 자료 제작 과정

캔바는 프레젠테이션 기능뿐만 아니라 카드뉴스, 포스터, 인포그래픽, 동영상 편집 등 다양한 디자인 양식을 제공하는 종합 디자인 플랫폼이다. 챗GPT와 캔바를 연동한 기능을 활용한 시각 자료 제작 과정은 다음과 같다.

가) 카드뉴스 기획 및 스토리보드 작성

먼저 본인이 전달하고 싶은 메시지나 주제를 명확하게 정한다. 이에 챗GPT에 주제, 메시지, 카드뉴스의 전체 구성(도입, 전개, 마무리 등)을 프롬프트로 입력하여 스토리보드와 각 카드에 들어갈 문구를 생성한다.

챗GPT 프롬프트 예시

10대 청소년의 건강한 체중 관리 방법에 대한 카드뉴스를 제작하려고 해.
- 목표 독자: 초등학생부터 고등학생까지(8~18세)
- 목적: 비만과 성조숙증 예방을 위한 건강한 식습관 및 생활 습관 안내
- 핵심 메시지: 성장 청소년에게는 무리한 다이어트보다 균형 잡힌 영양 섭취와
  규칙적인 운동이 중요하다.
- 고려 사항: 청소년의 성장 발달 특성, 학부모도 함께 볼 수 있는 내용

이 주제로 카드뉴스의 전체적인 구성안을 제시해 줘.

나) 이미지 및 디자인 프롬프트 작성

각 카드에 어울리는 이미지 스타일, 색상, 레이아웃 등 디자인 방향을 AI에 요청한다. 본인이 원하는 이미지를 구체적으로 설명하면 AI가 더 적합한 결과물을 제안한다. 캔바의 매직 미디어(Magic Media) 등 이미지 생성형 AI 기능을 사용하여, 프롬프트에 맞는 일러스트나 아이콘을 직접 생성할 수 있다.

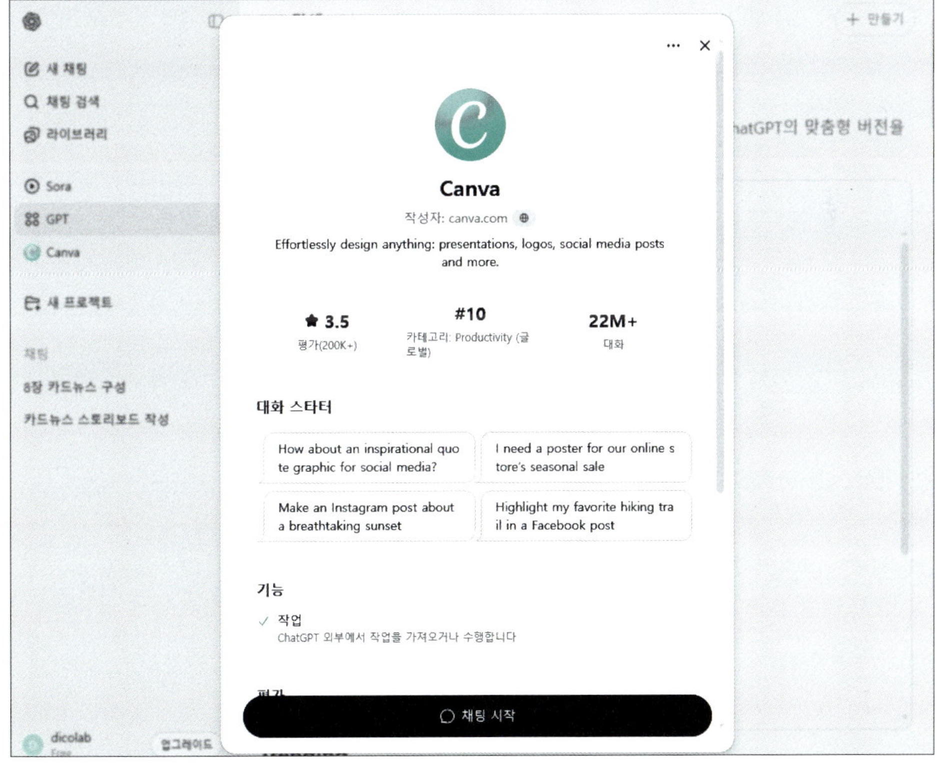

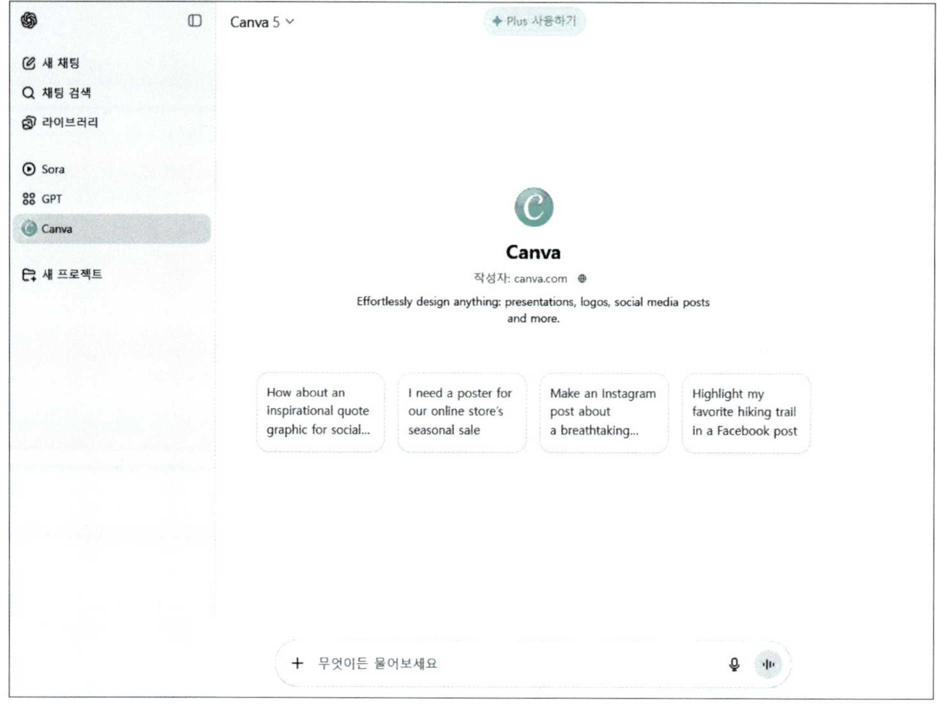

챗GPT 프롬프트 예시

앞서 제안한 구성안을 바탕으로 8장의 카드뉴스 스토리보드를 작성해 줘.

각 카드마다 다음 정보를 포함해 줘.
- 카드 제목 (청소년이 이해하기 쉬운 표현)
- 주요 내용 (2~3문장, 초등학생도 이해할 수 있는 쉬운 용어 사용)
- 시각적 요소 제안 (친근한 캐릭터, 다양한 색상의 그래프 등)
- 학부모 관심 사항 포함 여부

첫 번째 카드는 문제 인식, 마지막 카드는 가족과 함께 실천할 수 있는 행동 유도로 구성해 줘.

[Tip] 캔바의 매직 미디어를 통한 초등학생 카드뉴스 및 북큐레이션 제작

캔바의 매직 미디어는 사용자가 원하는 이미지를 텍스트로 설명(프롬프트)하면, 그에 맞는 그림이나 사진을 AI가 자동으로 만들어 주는 기능이다. 생성된 이미지가 마음에 들지 않을 경우, 프롬프트를 조금씩 개선해 나가면 원하는 느낌에 가까운 이미지를 얻을 수 있다. 이 과정에 스스로 원인을 분석하고, 더 나은 결과를 위해 수정을 반복하게 되면서 자기 주도적 탐구력과 문제 해결력을 신장할 수 있다.

단, AI가 글, 문장, 설명문 등을 자동으로 생성하는 기능인 매직 라이팅은 개인정보 보호와 안전을 위해 학생용 계정에서 사용하는 것을 기본적으로 제한하고 있다. 교사 계정에서만 해당 기능을 사용할 수 있으며, 학생들은 교사의 안내나 예시를 참고하여 직접 문구를 작성해야 한다.

다) 캔바 템플릿 선택 및 기본 디자인 적용

캔바에서 '북큐레이션', '동화 카드뉴스', '시화전' 등 키워드로 템플릿을 검색해, 주제와 어울리는 레이아웃을 선택한다. 이미 만들어진 템플릿의 레이아웃, 색상, 폰트, 아이콘 등을 참고하여 전체적인 디자인의 방향성을 잡는다.

라) 디자인 수정 및 완성도 높이기

가독성 높은 폰트로 문구를 수정히여 정보 전달력을 높이고, 필요하다면 캔바의 동영상 편집 기능을 활용하여, 카드뉴스에 짧은 동영상이나 애니메이션 효과를 추가할 수도 있다.

마) 저장 및 공유, 발표

완성된 카드뉴스를 PDF, 이미지(JPG/PNG), 동영상(MP4) 등 다양한 포맷으로 저장할 수 있다. 이를 SNS나 학교 홈페이지, 학급 게시판 등에 바로 공유하거나, 프레젠테이션 모드를 통해 발표 자료로 활용할 수 있다.

실제 적용 예시: 『지구 캠페인』 북큐레이션 카드뉴스

카드뉴스 제목
1장. [도입]
　지구가 보내는 마지막 경고
　숨 쉴 수 없는 공기, 마실 수 없는 물…
　이대로 괜찮을까요?

2장. [전개]
　우리가 만든 일상 속 오염
　플라스틱, 매연, 무분별한 자원 낭비.
　지금도 지구는 조용히 병들고 있습니다.

3장. [전개]
　하지만 아직 늦지 않았어요.
　작은 실천 하나가 큰 변화를 만들어요.
　텀블러 사용, 분리수거, 대중교통 이용부터 시작해요!

4장. [마무리]
　함께하면 바꿀 수 있어요.
　우리의 행동이 지구를 지킵니다.
　더 푸른 내일을 위해 지금 바로 실천해요.

5장. [캠페인 메시지]
　#지구를_위한 한걸음
　작은 실천이 지구를 살립니다.
　지금, 당신의 한 걸음이 필요합니다.

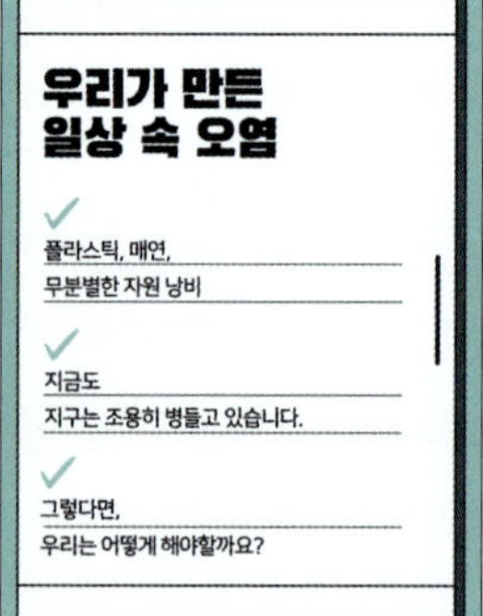

[Tip] AI 도서 추천의 신뢰도와 사서교사의 역할

AI가 추천하는 책 중을 검색해 보면 해당 도서가 실제로 존재하지 않거나, 국내에서 출간되지 않은 도서이거나, 혹은 제목과 저자가 일치하지 않는 경우가 자주 발생한다. 특히 한국어 도서나 최근 출간된 책에 대한 정보는 AI가 최신 데이터를 반영하지 못해 오류가 더 많이 발생할 수 있다. 이에 반드시 교차 검증이 필요하다.

사서교사는 AI 추천 도서의 신뢰도 한계를 학생들에게 미리 안내하고, 검증된 도서 목록을 제공하여 학생들이 올바른 독서 선택을 할 수 있도록 지원해야 한다. 카드뉴스나 북 큐레이션를 제작할 때는 도서의 실제 표지, 서지 정보, 추천 이유, 관련 활동 등을 구체적으로 포함하여 학생들이 쉽게 접근할 수 있고 신뢰할 수 있도록 구성하는 것이 좋다.

라 사서교사의 업무를 혁신하는 'AI 자동 디자인' 미리캔버스 '미리클(MIricle)'

미리캔버스는 한국 정서에 특화된 템플릿과 폰트로 캔바와 차별화된다. 최근 도입된 AI 솔루션 '미리클(Miricle)'은 간단한 텍스트 프롬프트만으로 초보자도 전문가 수준의 디자인을 기적처럼 쉽고 빠르게 완성할 수 있도록 지원한다.

미리클 AI 기능은 주제와 키워드만으로 레이아웃과 디자인 초안을 즉시 생성한다. 이는 도서관 운영부터 독서 교육까지 1인 다역을 수행하는 사서교사의 업무 시간을 획기적으로 단축시킨다.

가) 도서관 이용 교육부터 활용 수업 자료를 한 번에, AI 프레젠테이션

매년 반복되는 도서관 이용 교육이나 수업 자료 제작의 부담을 덜어준다. '초등학생 도서관 이용 교육' 같은 주제만 입력하면 AI가 목차, 핵심 내용, 템플릿, 이미지 배치까지 포함된 전체 슬라이드를 자동 생성한다. 단, PDF 업로드는 150자 이상의 텍스트 기반 파일만 가능하다.

도서관 이용 교육 카드뉴스 기획 프롬프트 (예시)

초등학교 도서관 이용 방법과 대출, 반납, 연체, 도서 검색에 대한 내용을 카드 뉴스형식으로 각 10장 이내로 생성해줘.

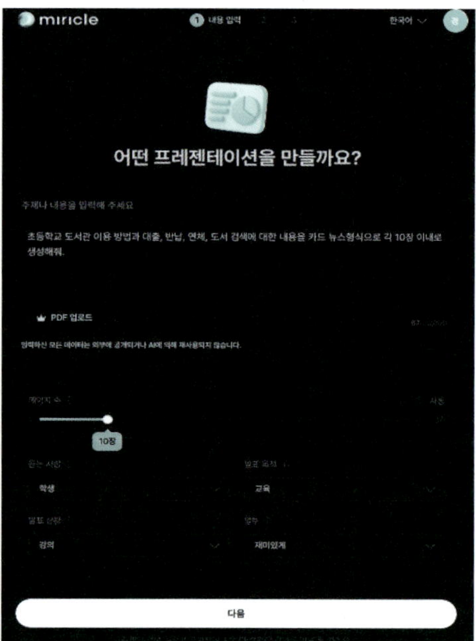

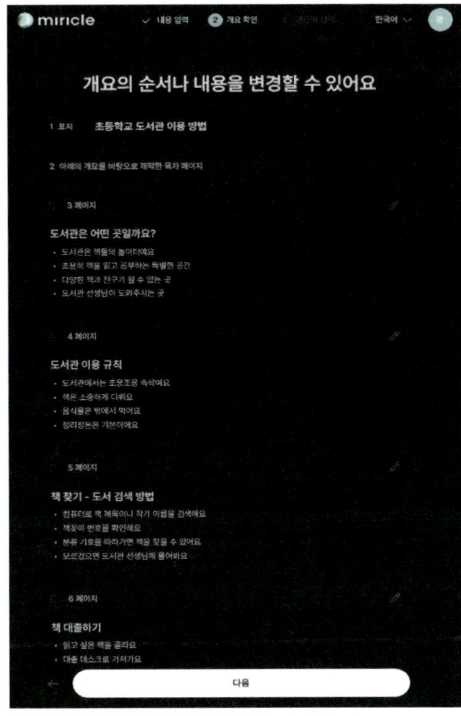

나) 행사 홍보와 북큐레이션의 곳, AI 포스터 및 AI 리디자인

매달 바뀌는 북큐레이션이나 독서 행사 포스터 제작의 번거로움을 해결한다. AI 포스터 기능은 행사 정부와 원하는 분위기 입력만으로 즉시 게시 가능한 고퀄리티 홍보물을 생성한다. 또한, AI 리디자인을 통해 기존 이미지를 원하는 스타일과 비율로 손쉽게 커스터마이징할 수 있다.

다) AI 도구로 완성도 높은 이미지 제작, AI 이미지 생성

미리캔버스의 AI 이미지 생성은 '기획-생성-편집'의 단계를 거쳐 고퀄리티 자료를 완성한다. 나노바나나 등 다양한 AI 모델과 스타일(3D, 민화, 애니메이션 등)을 선택하고, 구체적인 프롬프트를 입력해 의도에 맞는 이미지를 얻을 수 있다. 생성 후에는 배경 제거, AI 지우개, 화질 개선 기능을 통해 전문가 수준으로 다듬는 것이 가능하다. 단, 서비스 이용 시 크레딧이 소모되므로 명확한 프롬프트 작성이 중요하다.

라) 복잡한 정보를 한눈에, AI 인포그래픽

도서관 이용 통계나 추천 도서 목록 등 복잡한 텍스트와 수치를 한눈에 들어오는 도표와 차트로 변환한다. 학생들의 흥미를 유발하는 시각 자료 제작은 물론, 학교 관리자나 학부모 대상 성과 보고용 인포그래픽을 만드는 데에도 매우 유용하다.

챗GPT를 활용한 도서관 업무하기

1장
업무 보조 챗봇 만들기
(GPTs, 서프API)

2장
독서 콘텐츠 추천
시스템 자동화 (구글)

3장
독서 영상 자동 탐색기
만들기 (구글 폼, 구글
스프레드시트)

4장
독서 활동 콘텐츠 자동화
(캔바, 감마, 클로드 아티팩트)

업무 보조 챗봇 만들기 (GPTs, 서프API)

1) 도서관 업무 AI 챗봇의 필요성

도서관 운영에서는 다양한 반복 업무와 전문적 판단이 필요한 업무들이 끊임없이 발생한다. 이용자별 맞춤형 도서 추천, 나이대별 독서 프로그램 설계, 주제별 자료 선별 등은 사서의 전문성이 요구되는 업무이시만, 매번 처음부터 시작하기에는 시간과 노력이 많이 든다.

이럴 때 GPTs를 활용한 업무 보조 챗봇은 도서관 업무의 효율성을 크게 높일 수 있는 도구가 된다. 특히 맞춤형 도서 추천 시스템을 구축하여 24시간 이용이 가능한 도서 추천 창구를 만들 수 있다.

2) GPTs를 활용한 도서 추천 시스템 구축

도서관에서는 매일 "어떤 책을 읽으면 좋을까요?"라는 질문을 받는다. 나이, 관심사, 독서 수준이 모두 다른 이용자들에게 적절한 도서를 추천하는 것은 사서의 전문성이 발휘되는 업무다. 하지만 모든 질문에 즉석에서 완벽한 답변을 제공하기는 쉽지 않다.

이때 GPTs로 제작한 '도서 추천 시스템'은 훌륭한 업무 보조 도구가 된다. 이용자의 나이, 선호 장르, 독서 경험, 관심 주제 등을 종합적으로 고려하여 맞춤형 도서 목록을 자동으로 생성할 수 있다.

3) GPTs 생성 이용 가이드

GPTs는 챗GPT 환경 내에서 특정 업무에 맞춰 프롬프트가 미리 설계된 맞춤형 AI 비서다. 챗GPT 화면의 왼쪽 상단 '[GPT 탐색]' 메뉴를 통해 다양한 GPTs를 살펴볼 수 있다. 마치 디자인 툴에서 템플릿을 고르듯, 원하는 업무에 특화된 GPT를 선택해 활용할 수 있다.

가장 큰 장점은 복잡한 프롬프트를 몰라도 된다는 점이다. 단순한 키워드 입력만으로도 계획서, 아이디어, 실행안 등이 자동으로 생성된다.

[Tip] 어떤 GPTs를 써야 할지 모를 때, 활용 팁 4가지

GPTs는 정말 유용하지만, 종류가 너무 많아 처음엔 어떤 걸 써야할지 막막할 수 있다. 이럴 땐 아래의 GPTs를 먼저 활용해 보자.

GPT Finder	어떤 GPT를 써야 할지 모를 때 GPT Finder는 GPTs를 고르는 AI 도우미다. 자신이 하고 싶은 작업(예: 도서관 행사 기획, 독서 신문 만들기, 보고서 작성)을 입력하면, 그 작업에 맞는 GPT를 추천해 준다. Tip: GPTs 세계의 내비게이션이라고 보면 된다.
Write for me	글쓰기 특화 GPT이다. 예를 들어, 학교 공문 요약, 도서관 행사 안내문 작성, 블로그용 후기 글쓰기, 리포트 초안 정리 등의 작업들을 자연스럽고 매끄럽게 처리해 준다. 간단한 상황 설명만 주면, 톤이나 길이에 맞춰서 알아서 써준다. 네이버 블로그 작성에도 적합하다. Tip: '공식+친근한' 느낌을 동시에 잡고 싶을 때 특히 유용하다.
Image Generator	키워드만 넣으면 이미지 자동 생성되는 GPT다. 복잡한 프롬프트 없이 간단한 키워드(예: 책을 읽는 중학생, 가을 독서 행사)만 입력하면, 달리(DALL-E) 모델을 통해 바로 이미지를 만들어 준다. 행사 포스터, 안내문, 시각 자료가 필요할 때 쓸 수 있다. Tip: 텍스트와 이미지가 모두 필요한 행사 자료 제작 시, 한 번에 해결이 가능하다.
Prompt Engineer	프롬프트 작성이 어렵거나 귀찮을 때가 많을 것이다. 하고 싶은 건 있지만, AI에 어떻게 요청해야 할지 모르겠을 때 유용하다. 키워드 몇 개만 입력하면 목적에 맞는 고급 프롬프트 문장을 자동으로 만들어 준다. 예를 들면, '도서관 홍보 문구 만들 프롬프트 짜줘' → 잘 짜인 프롬프트를 만들어 준다. Tip: 나만의 GPTs 만들기 전 연습용으로도 탁월하다.

이처럼 GPTs는 상황과 목적에 따라 똑똑하게 골라 쓰는 것이 핵심이다. 처음부터 모든 기능을 다 알 필요는 없다. 위의 추천하는 GPTs 4가지만 알아도, 도서관 행사 기획부터 문서 작성, 이미지 제작까지 업무 자동화의 절반은 해결된다.

가 맞춤형 GPTs 구축의 필요성과 준비 단계

기존 챗GPT-4o는 2023년 10월까지의 공개 데이터에 의존하며(GPT-4.1은 2024년 6월까지), 실시간 웹 검색 기능을 지원하지만 매번 수동적으로 검색을 요청해야 하는 한계가 있었다. 반면 GPTs는 API 연동과 프롬프팅을 통해 실시간 정보 활용을 자동화할 수 있어, 보다 능동적인 최신 정보 접근이 가능하다. 맞춤형 GPTs를 구축한다면 특정 업무나 목표에 맞춰 맞춤형으로 제작하여 이러한 한계를 극복할 수 있다. 예를 들어 학교 현장에서 필요한 정보를 중심으로 프롬프트를 구성하거나 실시간 뉴스, 최신 정책 등 외부 데이터를 바로 활용할 수 있어 더욱 정교하고 특화된 응답을 얻을 수 있다.

맞춤형 GPTs 구축 시, 준비 단계는 다음과 같다.

1단계 개인화된 데이터 및 지식 자료
- 업무에 특화된 문서, 지침, 가이드라인, 규정, 참고 자료 등 필요한 파일을 미리 준비한다. 이 자료들은 GPT의 지식 부분에 업로드되어 답변의 전문성과 개인화를 높이는 데 활용된다.

2단계 오픈 API 관련 사이트 계정 및 API 키
- 챗GPT는 외부 웹사이트(예: 네이버, 구글 등)에 직접 접근할 수 없다. 오픈 API를 통해 외부 서비스와 GPT를 연결해 주는 게이트 역할을 한다.
- 공공데이터포털, SerpApi에서 계정을 만들고, 개인 API 키를 발급받는다.

3단계 반복 프롬프트 정리
- 자주 사용하는 명령어나 프롬프트를 정리해 두면 GPT의 지침에 쉽게 반영할 수 있다.

🈁 나만의 맞춤형 GPTs 제작 개요

챗GPT가 구글 검색 등 실시간 정보를 활용하려면 외부 API 연동이 필수이다. 이 중 SerpApi는 구글, 빙 등 다양한 검색 엔진의 검색 결과를 JSON 형태로 제공하는 API이다. 복잡한 웹 크롤링 없이도 검색 결과를 바로 받아올 수 있게 해준다. 맞춤형 GPTs 구축 과정은 다음과 같다.

1단계 GPT 빌더 접속 및 기본 정보 입력
- 챗GPT에 로그인하여 왼쪽 상단의 'GPT 탐색' 메뉴 클릭 후, 오른쪽 상단에서 '내 GPT' → 'GPT 만들기'를 클릭한다.
- 구성 탭을 클릭한다.
- GPT의 이름과 용도에 대한 짧은 설명을 입력한다.

2단계 지침 작성
- GPT의 역할과 임무를 구체적으로 입력한다.
- GPT의 용도는 무엇이며, 어떻게 작동하고, 해서는 안 되는 지침 등을 작성한다.

3단계 지식 업로드
- 준비한 업무 지침, 정책, 참고 자료 파일을 업로드한다.
- 업로드된 자료는 GPT가 답변을 생성할 때 참고하는 개인화된 데이터가 된다.

4단계 작업 설정 - 외부 API 연동
- 맞춤형 GPT는 '작업 설정' 기능을 통해 외부 API를 호출할 수 있다.
- 이때 필요한 것이 바로 오픈 API 스키마이다.
- 오픈 API 사이트에서 원하는 API를 선택하고 cURL 코드를 복사한다.
- 복사한 코드에서 API 키 부분을 삭제한 뒤, 'GPT Actions 스키마(Schema) 만들기 도우미 - SERP API 전용' GPT를 붙여 넣어 오픈 API 스키마(JSON)를 자동 생성한다.
- 생성된 JSON 스키마를 복사해 GPT의 작업의 스키마 섹션에 붙여 넣는다.
- 스키마 내 api_key 파라미터에 본인의 API 키를 입력한다.
  "enum" : [
  "YOUR_REAL_SERPAPI_API_KEY"

5단계 **개인정보 처리 방침 링크**

- GPT를 외부에 공개할 경우, 오픈AI는 사용자 보호를 위해 제작자가 개인 정보를 어떻게 처리하는지 설명한 웹페이지를 요구한다.
- 노션, 구글 시트, 블로그 등에 아래 예시 내용을 복사해서 올리고, 공개 URL을 붙여 넣으면 된다.

#개인정보 처리 방침

본 GPT는 사용자의 개인정보(이름, 이메일, 연락처, 위치정보 등)를 수집하거나 저장하지 않습니다.

사용자의 입력 내용은 오로지 응답 생성을 위한 일시적 처리에만 사용되며, 외부로 저장되거나 제3자에게 제공되지 않습니다.

본 GPT는 의료, 법률, 금융 등의 전문 상담 목적이 아니며, 참고용으로만 활용하시기 바랍니다.

문의: [your-email@example.com]

6단계 **테스트 및 문제 해결**

- 모든 설정을 마친 후, 실제로 네이버 API 호출이 정상적으로 작동하는지 테스트한다.
- 만약 API 호출이 실패한다면, 오픈 API 계정에서 로그아웃 후 다시 로그인하거나, 프라이버시 설정에서 외부 API 사용을 항상 허용으로 변경해야 한다.

다 주제별 도서 추천 시스템

일반적인 AI 기반 도서 추천 시스템은 종종 실제로 존재하지 않는 책을 추천하거나, 저자·출판 정보가 부정확한 경우가 많다. 이는 AI가 학습 데이터에 없는 정보를 추론하거나, 유사한 제목을 조합해 허구의 도서를 만들어 내는 할루시네이션 현상 때문이다. 특히 GPTs와 같은 생성형 AI는 사용자의 요구에 맞춰 창의적으로 답변을 생성하는 과정에서 실제로 존재하지 않는 도서 정보를 제시할 위험이 있다.

가) GPTs 세부 작성 기준

해당 GPT의 제목, 역할, 용도, 작동 방식, 임무, 준수 원칙을 명확히 기술하여 GPTs의 지침 및 역할 설명에 반영해야 한다.

❶ GPT의 역할

- 사용자의 질문이나 요청에 따라 주제별로 적합한 도서 목록을 추천한다.
- 업로드된 자료(정책, 독서지도안, 나이별 기준, 교육과정 연계 문서 등)를 바탕으로 맞춤형 추천이 가능하다.
- 학교 도서관, 공공도서관, 교육기관 등에서 활용 가능한 교육 목적형 도서 큐레이션을 주로 수행한다.

❷ GPT의 용도

- 사서교사 또는 독서 프로그램 기획자가 도서 선정에 참고할 수 있도록 객관적이고 주제 적합한 도서 리스트를 생성한다.
- 업로드된 자료를 기반으로 도서관 운영 정책, 수업 주제, 나이대별 독서 수준 등에 맞춘 도서 추천이 가능하다.
- 연계된 주제 예: 환경, 인권, 미술 감상, AI 윤리, 생태, 역사 인물, 자기 이해 등
- 선택한 주제에 대해 초등~중고등학생 수준별로 나누어 도서를 추천하거나 수업 활용 방안까지 제안할 수 있다.

❸ GPT의 작동 방식

- 사용자가 주제를 입력하거나 교육 목적을 설명하면 업로드된 지식과 정책 문서를 분석해 그에 맞는 도서를 선별한다.
- 추천할 때는 도서의 내용 요약, 활용 목적, 연계 교육과정을 간략히 함께 제시한다.
- 추천된 도서에 대해 출처(출판사, 발행 연도, 저자 등)를 명시하고, 사용자가 원하는 경우 활동 예시나 독후활동 제안도 함께 제공한다.

❹ GPT의 임무

- 사용자가 제공한 지식 문서(예: 주제별 도서 목록, 교육과정 연계표 등)를 학습하여 추천 근거로 사용한다.
- 사용자가 입력한 주제, 목적, 대상 학년에 맞추어 도서 3~10권 내외의 리스트를 제안한다.

- 각 도서에 대해 다음 정보를 제공한다:

  제목 / 저자 / 출판사 / 간략한 소개 / 추천 이유

  (선택 사항) 수업 연계 방법 또는 독후활동 제안

- 정해진 주제 외에도 미술 감상에 적합한 도서, 자기 이해를 위한 초등 고학년 용 도서, AI 윤리를 쉽게 이해할 수 있는 중학생용 도서 등 자유로운 주제 확장 에도 유연하게 대응한다.

❺ **GPT가 하지 말아야 할 것**

- 주제나 나이대에 적합하지 않은 도서를 임의로 추천하지 않는다.

- 신뢰할 수 없는 출처나 과장된 추천 사유를 제공하지 않는다.

- 업로드된 자료를 벗어난 주관적 판단만으로 목록을 생성하지 않는다.

- 학생의 발달 수준에 맞지 않는 도서를 추천하지 않으며, 교육적 가치가 확인된 도서 위주로 제공한다.

프롬프트를 통한 지침과 지식 코너에 첨부 파일을 업로드하는 것만으로도 누구나 손쉽게 GPTs를 만들 수 있다. 하지만 이러한 방식만으로는 분명히 한계가 드러난다. 외부 API 연동 없이 파일과 프롬프트만 작성하면, 실시간 데이터 활용, 자동화, 외부 서비스 통합 등 고급 기능 구현이 어렵다.

나) 오픈 API 연동

이러한 한계를 극복하기 위해 'Google Play Books Product API' 등 도서 검색 API를 GPTs에 연동하여 구글 외에도 도서 검색 API가 다양하므로 주제별 도서 추천시스템을 구축할 수 있다. 이 GPTs의 핵심 강점은 다음과 같다.

첫째 실제 존재하는 도서만 추천한다. Google Play Books Product API는 구글의 공식 도서 데이터베이스와 직접 연결되기 때문에 실제로 구글 플레이스 북스에 등록된, 검증된 출판물로 추천 대상을 한정 지을 수 있다.

둘째 주제별·키워드별 정교한 선별이 가능하다. 사용자가 입력한 주제, 키워드, 관심 분야에 따라 구글 플레이스 북스 내에서 관련성이 높은 도서를 실시간으로 검색·추천한다. 최신 출간 도서, 베스트셀러, 특정 분야의 전문 서적 등 다양한 조건을 반영할 수 있다. 비슷한 주제의 도서가 체계적으로 선별되어, 사용자의 요구에 맞는 맞춤형 추천이 가능하다.

셋째 신뢰성과 확장성이 높다. 구글의 방대한 도서 데이터와 연동되어, 국내외 다양한 출판물에 대한 접근성이 뛰어나다. 일부 도서 표지, 저자, 출판사, 출간일, ISBN 등 상세 정보까지 정확하게 제공될 수 있다. 추천 결과의 신뢰가 높아, 학교·도서관·교육기관 등에서 활용할 수 있다. 이를 통해 실제 학교 현장에서는 독서교육, 도서관 북큐레이션, 독서 모임 등으로 활용도가 높다.

서프API(SerpAPI)를 통해 API 연동을 통해 도서 추천 시스템을 설계해 보자. 검색창에 책과 관련된 API로 대표적인 'Google Play Books Product API'를 선택한다.

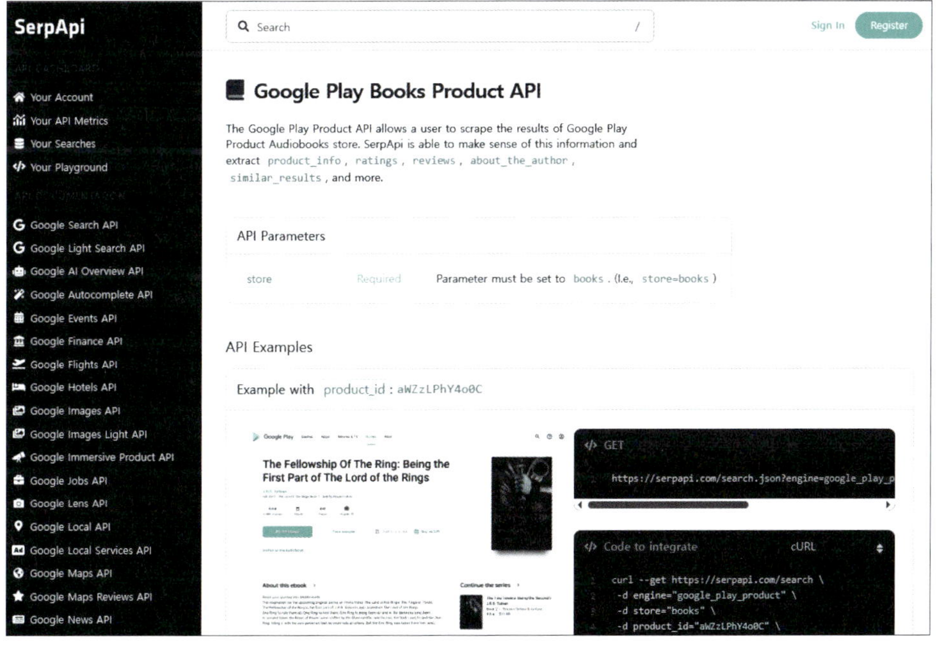

위 그림의 API 예제 부분의 오른쪽 하단에 '</> Code to integrate' 코드를 확인하자. #api_key=" "사이에 있는 API 인증키는 개인정보이므로, 외부 API 연동을 위해 cURL 코드를 사용할 때는 해당 부분을 삭제한 후, 챗GPT에 스키마 생성을 요청해야 한다.

```
</> Code to integrate : cURL
curl --get https://serpapi.com/search \
 -d engine="google_play_product" \
 -d store="books" \
 -d product_id="aWZzLPhY4o0C" \
 -d api_key="00000" #개인 API 키
```

맞춤형 GPTs에서 외부 API를 연동할 때, 복잡한 오픈 API 스키마인 JSON 형식으로 직접 작성하지 않아도 된다. 해당 코드를 복사하여 'GPT 탐색'에서 'GPT Action 스키마 만들기 도우미-SERP API 전용'를 활용하면 된다.

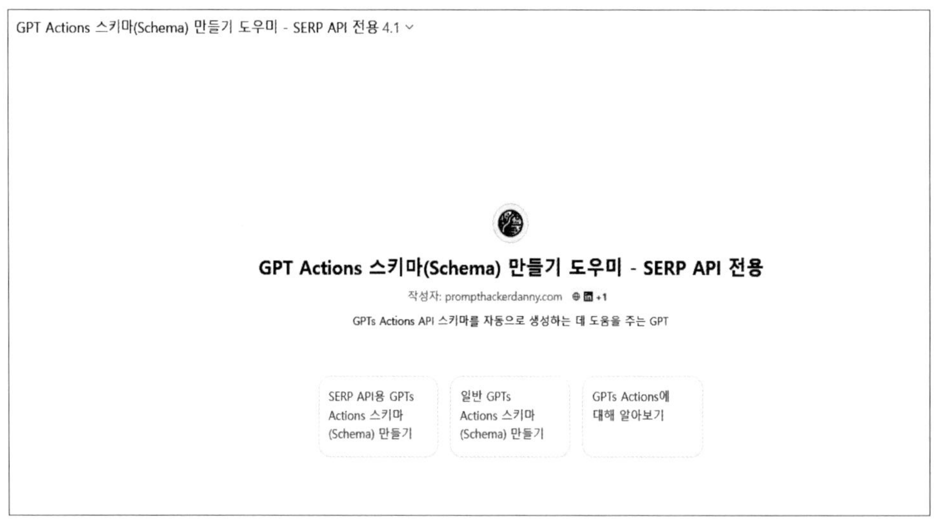

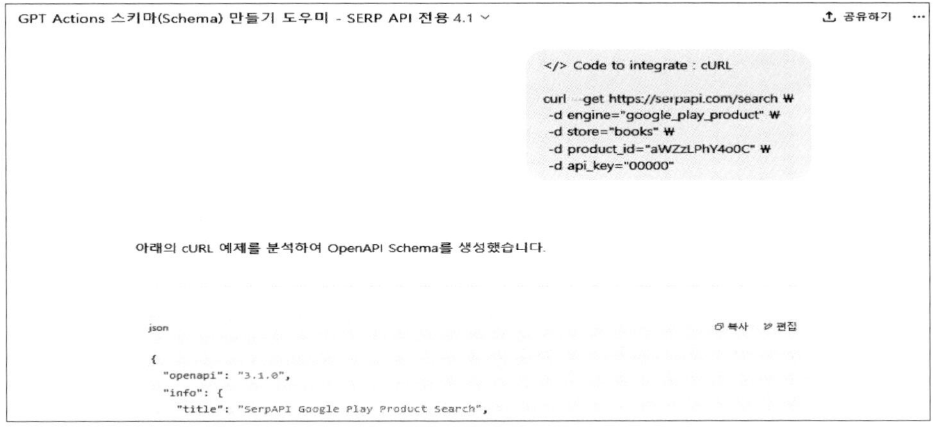

< 　새 GPT
　● 초안

만들기　　　　　구성

지침

이 GPT의 용도는 무엇인가요? 어떻게 작동하나요? 해서는 안 되는 것이 있나요?

제공한 지침의 일부 또는 전체가 GPT와의 대화에 포함될 가능성이 있습니다.

대화 스타터

[　　　　　　　　　　　　　　　　　　　　　　　　　　×]

지식

업로드한 파일의 일부 또는 전체가 GPT와의 대화에 포함될 가능성이 있습니다.

[파일 업로드]

권장 모델 ⑦

사용자에게 모델을 권장하세요. 최고의 결과값을 위해 권장 모델이 기본으로 사용됩니다.

[GPT-4.1 　　　　　　　　　　　　　　　　　　　　　　∨]

기능

☑ 웹 검색
☑ 캔버스
☑ 4o 이미지 생성
☐ 코드 인터프리터 및 데이터 분석 ⑦

작업

[새 작업 만들기]

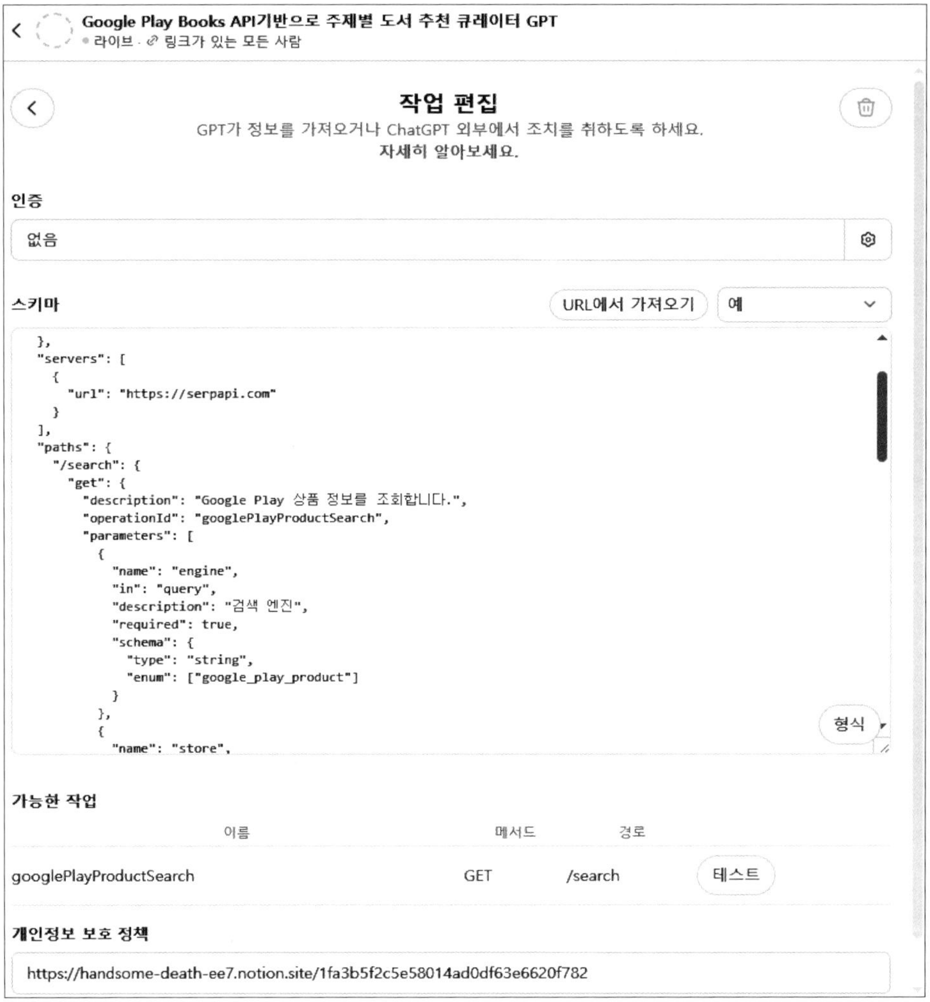

Google Play Books API기반으로 주제별 도서 추천 큐레이터 GPT
● 라이브 · ⬀ 링크가 있는 모든 사람

작업 편집
GPT가 정보를 가져오거나 ChatGPT 외부에서 조치를 취하도록 하세요.
자세히 알아보세요.

인증

없음

스키마 URL에서 가져오기 예 ⌄

```json
    },
    "servers": [
      {
        "url": "https://serpapi.com"
      }
    ],
    "paths": {
      "/search": {
        "get": {
          "description": "Google Play 상품 정보를 조회합니다.",
          "operationId": "googlePlayProductSearch",
          "parameters": [
            {
              "name": "engine",
              "in": "query",
              "description": "검색 엔진",
              "required": true,
              "schema": {
                "type": "string",
                "enum": ["google_play_product"]
              }
            },
            {
              "name": "store",
```

형식

가능한 작업

이름	메서드	경로	
googlePlayProductSearch	GET	/search	테스트

개인정보 보호 정책

https://handsome-death-ee7.notion.site/1fa3b5f2c5e58014ad0df63e6620f782

도서추천 시스템(QR코드)

cURL 코드와 'GPT Actions 스키마 만들기 도우미'를 활용하는 방식은 특정 API에 국한되지 않고, 다양한 외부 API에 폭넓게 응용할 수 있다. 네이버 검색, 공공데이터포털, 날씨, 번역, 뉴스, 쇼핑 등 오픈 API를 제공하는 서비스라면 대부분 동일한 절차로 연동이 가능하다.

[Tip] GPTs와 챗GPT와 결과물이 비슷할 때 대처 방법

GPTs의 강점은 '맞춤화'와 '지속적 개선'에 있다. 처음에는 챗GPT와 큰 차이가 없을 수 있지만, 지침과 프롬프트를 구체화하고 현장 자료를 적극 활용하며, 반복적으로 피드백을 주는 과정을 통해 점차 더 차별화되고 실질적인 결과를 얻을 수 있다.

GPTs는 단순한 대화형 AI를 넘어, 파일 업로드와 외부 데이터 연동 등 다양한 기능을 지원한다. 예를 들어, 학교 행사 계획서 양식, 예산표, 과거 행사 결과 파일 등을 업로드해 참고하도록 하면, AI가 더 맞춤화된 결과를 제시할 수 있다. 또한, 반복적 피드백을 통해 답변을 점차 세밀하게 다듬을 수 있다. 이런 과정을 통해 GPTs만의 강점을 극대화할 수 있다.

4) 독서 프로그램 운영 자동화

도서관은 해마다 그해의 프로그램과 행사를 담은 운영 계획을 제출해야 하는데, 많은 사서들은 전년도 자료나 공유받은 다른 도서관의 계획서를 참고해 프로그램을 구성하곤 한다. 하지만 문제는 늘 같다. "올해는 뭘 하지?" 백지에서 시작해야 하는 그 막막함. 특히 아이디어가 요구되는 기획 업무에서는 부담이 더 크다. 이때 챗GPT에 구체적인 조건을 제시하면 다양한 행사 아이디어를 빠르게 생성해 준다.

가 문서 및 홍보자료 자동화

독서 프로그램의 성공적인 운영을 위해서 기획만큼이나 효과적인 문서작업과 홍보가 필수적이다. 그러나 기획안부터 결과 보고서까지 이어지는 방대한 문서 업무는 사서교사에게 큰 시간적 부담이 된다.

이러한 어려움을 해결하기 위해 챗GPT와 같은 생성형 AI는 문서 및 홍보 자료 제작 과정을 자동화하여 업무 효율을 극대화할 수 있는 강력한 도구로 활용될 수 있다.

🕒 행사 기획안, 안내문 자동 생성

독서 프로그램을 운영할 때 가장 기본이 되는 문서는 행사 기획안과 안내문이다. 이 두 문서는 프로그램의 목적, 내용, 참여 대상, 일정, 장소 등을 명확하게 전달하여 프로그램의 성공적인 운영을 위한 기반을 다지는 역할을 한다.

챗GPT는 프로그램의 성격에 맞는 체계적인 기획안과 참여자에게 필요한 정보를 효과적으로 전달하는 안내문을 생성해 준다.

1단계 행사/프로그램 목적 입력

행사나 프로그램의 목적(예: 독서인문교육, 정보활용교육 등)을 입력한다.

2단계 대상 및 예산 입력

참가 대상(학년, 인원수 등)과 예산 범위를 입력하면 그에 맞는 규모와 내용의 프로그램을 추천한다.

3단계 계획서 자동 생성

선정된 아이디어를 바탕으로 행사 개요, 세부 일정, 필요 물품, 기대 효과 등이 포함된 계획서 초안을 자동으로 생성한다.

4단계 프로그램 신청서 작성

프로그램에 참여할 학생이나 학부모가 쉽게 작성할 수 있도록 신청서 양식과 예시 문항을 제공한다.

5단계 선정 기준 제안

프로그램 참가자 선정 시 고려할 수 있는 공정하고 객관적인 기준(예: 참여 동기, 학년별 안배, 우선순위 등)을 제안한다.

실제 학교 현장에서 많이 접할 수 있는 사례를 바탕으로 챗GPT 독서 프로그램 자동화 적용한 예시이다.

초등학교 6학년 학생들을 대상으로, 학교 도서관과 시립도서관이 협력하는 프로그램에 대한 예산을 500만 원 정도 배정받았다. 관리자의 요청으로 독서 토론 프로그램을 운영해야 하며, 웹툰 특성화 시립도서관과 협력하여 웹툰 창작 동아리를 운영하고자 한다. 이에 대한 예산을 각각 독서 토론은 300만 원, 웹툰 창작 동아리는 200만 원으로 운영할 예정이다. 시립도서관을 통해 전문 강사를 섭외하고, 학교 도서관 공간을 적극 활용하는 방식으로 기획하고자 한다.

독서 토론 수업은 『내겐 드레스 백 벌이 있어(엘레노어 에스테스)』와 『긴긴밤(루리)』 2권의 도서를 중심으로 총 4차시씩 수업이 이루어진다. 웹툰 창작 동아리는 매주 수요일 2시~4시, 총 10회 이루어질 예정이며, 대상은 4~6학년이고 신청자가 많을 경우, 선발 기준의 우선순위 설정과 신청서 양식 준비가 필요하다.

위와 같은 형태로 작성하면 동료 교사들이나 관리자 분들이 보시기에도 이해하기 쉽고, 실제 운영할 때도 참고하기에 좋을 것이다. 수정이나 보완이 필요한 부분이 있다면 추가 질문을 통해 완성도를 높일 수 있다.

챗GPT 답변 (QR코드)

추가 질문에 대한 챗GPT 프롬프트 질문 예시

학생들이 독서 토론 선정 도서 2권을 열심히 읽기 위해 도서관과 담임교사가 같이 협력하여 할 수 있는 좋은 이벤트를 추천해 줘.

[Tip] 협력 운영 팁:

❶ 정기적인 독서 시간 확보:
  담임 선생님과 협의해 매주 정해진 시간에 학급 전체가 도서관에서 책을 읽는 시간을 마련한다.

❷ **독서 진행 상황 공유:**

담임 선생님과 도서관이 학생별 독서 현황을 공유하며, 독서가 미진한 학생은 개별 독려한다.

챗GPT 답변 (QR코드)

❸ **학부모와 연계:**

가정에서도 독서가 이어질 수 있도록 독서 캠페인 안내문을 발송한다.

❹ **독서 진행 상황 공유:**

담임 선생님과 도서관이 학생별 독서 현황을 공유하며, 독서가 미진한 학생은 개별 독려한다.

❺ **독서 캠페인 안내문 발송:**

가정에서도 독서가 이어질 수 있도록 독서 캠페인 안내문을 발송한다.

2장 독서 콘텐츠 추천 시스템 자동화 (구글 폼, 구글 스프레드시트)

1) 구글폼과 챗GPT로 독서 이력 자동 수집

가 독서 기록, 왜 자동화해야 하는가

독서는 학생들의 지식 확장, 사고력 증진, 그리고 자기 성찰에 필수적인 활동이다. 이러한 독서 활동의 연장선에서 작성되는 독서 감상문은 학생들이 책의 내용을 깊이 이해하고 자신의 생각과 연결 짓는 데 중요한 역할을 한다. 그러나 실제 교육 현장에서는 수십 명에 달하는 학생들의 독서 감상문을 일일이 수합하고, 각 감상문의 내용을 면밀히 분석하여 개별 학생에게 맞춤형 피드백을 제공하는 데 막대한 시간과 노력이 소요된다.

종이로 된 독서록은 분실 위험이 크고 보관 및 관리가 매우 번거로우며, 디지털 파일 또한 다양한 형식으로 제출될 경우 취합하고 데이터를 표준화하는 과정이 복잡하다. 무엇보다 이렇게 수작업으로 산발적으로 쌓이는 독서 데이터를 효과적으로 분석하여 학생들의 독서 경향을 파악하거나, 이를 바탕으로 심도 있는 수업 자료를 만드는 것은 교사 혼자 감당하기에는 현실적으로 불가능에 가깝다.

나 독서 기록 수집 시스템 구축 단계

학생들의 독서 기록을 체계적이고 효율적으로 수집, 관리하기 위한 자동화 시스템은 구글 폼(Google Forms)과 구글 스프레드시트(Google Sheets)의 강력한 연동 기능을 활용하여 매우 손쉽게 구축할 수 있다. 별도의 프로그램 설치 없이 웹 브라우저만으로 모든 작업을 수행할 수 있다.

가) 독서 기록 구글폼 생성

forms.google.com 접속 후 [빈 양식] 클릭 후, '독서 활동지' 제목을 입력한다.

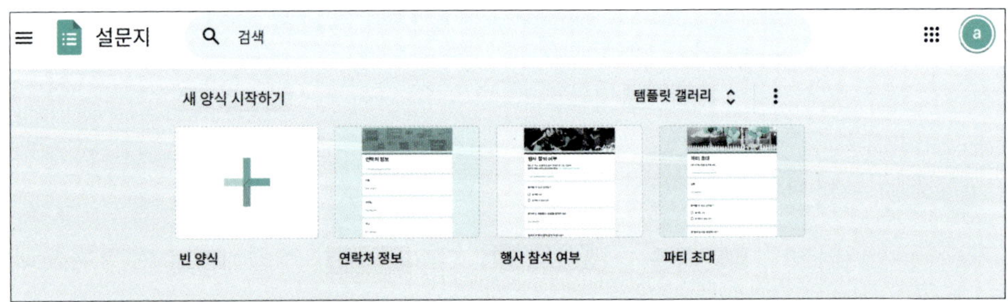

필수 질문 항목으로 책 제목, 줄거리, 진로 연관 느낀 점 항목을 넣고, 중요 질문은 [필수] 항목으로 설정한다.

나) 구글 폼 응답 스프레드시트 연결

구글 폼의 가장 큰 장점 중 하나는 제출된 모든 응답을 자동으로 구글 스프레드 시트에 실시간으로 저장할 수 있다는 점이다. 폼 편집 화면 상단의 메뉴에서 [응답] 탭을 클릭한다. 해당 탭의 중앙에는 초록색 [Sheets에서 보기] 아이콘이 보일 것이다.

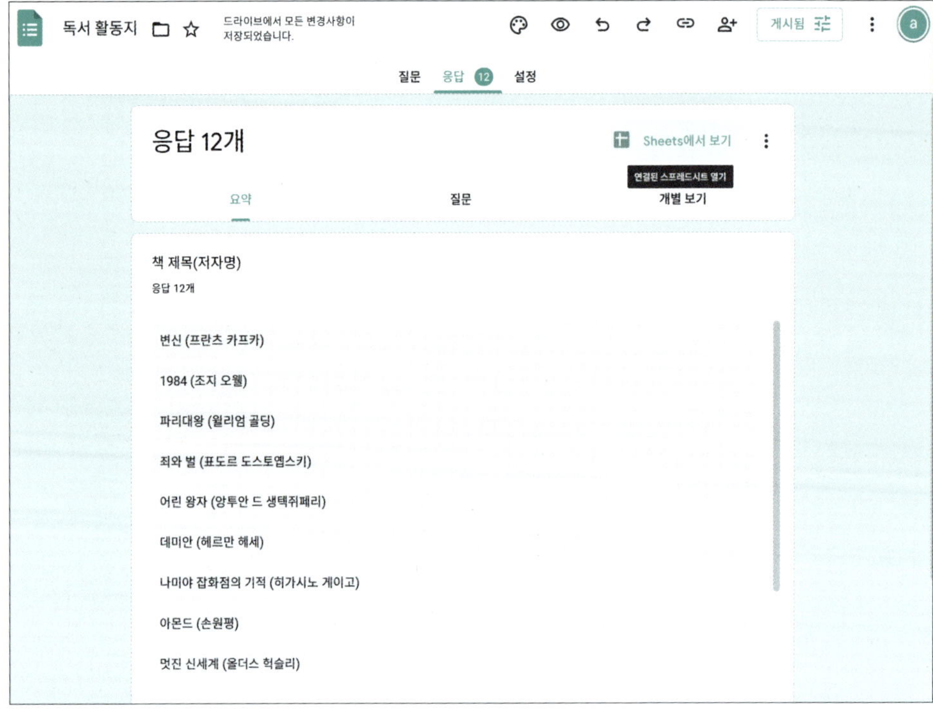

이 아이콘을 클릭하면 '응답 저장 위치 선택'이라는 작은 팝업창이 나타난다. 여기서 [새 스프레드시트 만들기]를 선택하고, [만들기] 버튼을 클릭한다.

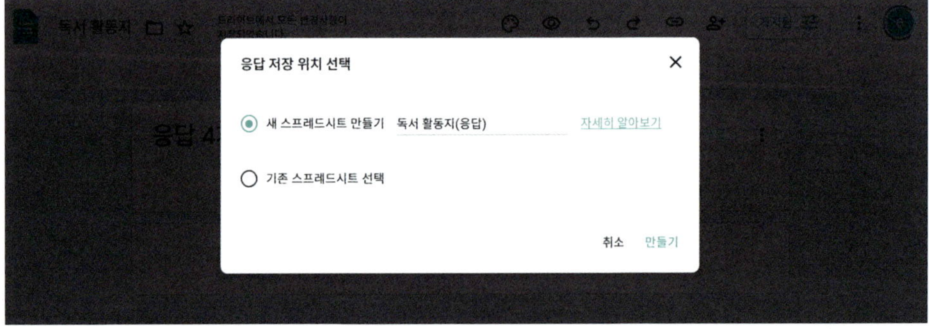

이렇게 설정하면, 학생들이 독서 활동지 폼에 답변을 제출할 때마다 해당 응답 내용(타임스탬프, 책 제목, 줄거리, 진로 관련 느낀 점 등)이 지정된 구글 스프레드시트에 새로운 행으로 즉시 추가된다. 이로써 교사는 일일이 응답을 취합하는 번거로움 없이 모든 데이터를 한곳에서 체계적으로 관리할 수 있게 된다.

다) 폼 링크 공유

이제 학생들이 독서 감상문을 제출할 수 있도록 폼 링크를 공유할 차례이다. 구글 폼 편집 화면의 우측 상단에 있는 [링크] 버튼을 클릭한다. 긴 URL을 짧고 간결하게 만들려면 [URL 단축] 옵션을 체크한 후, [복사] 버튼을 눌러 링크를 복사한다.

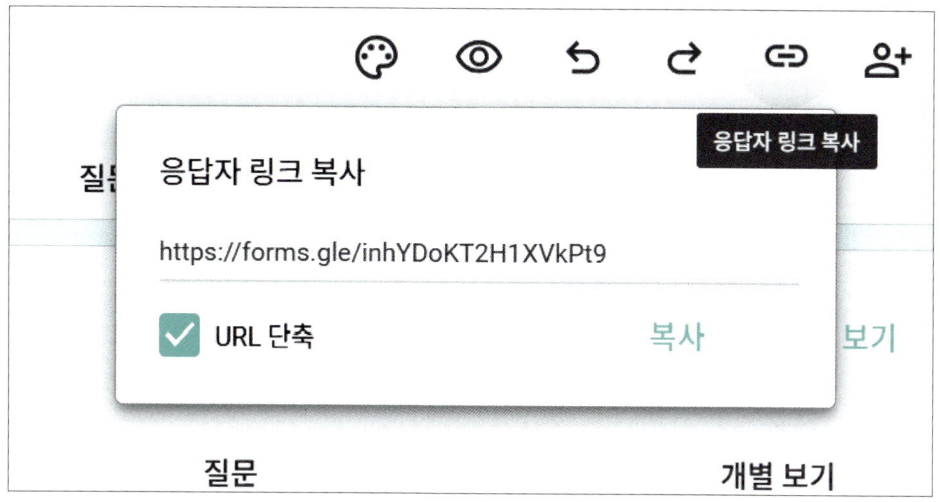

이렇게 복사된 링크를 학급 온라인 게시판, 이메일, 학습 관리 시스템(LMS) 등에 손쉽게 배포하여 학생들이 언제든지 독서 기록을 제출할 수 있도록 안내한나. 기존에 학교에서 사용하는 독서기록장 형식이 있다면 그대로 폼에 입력하여 수합하는 것도 가능하다.

2) GPT for Sheets and Docs를 활용한 토론 주제 자동 생성

앞서 구글 폼과 스프레드시트를 통해 체계적으로 수집된 학생들의 독서 기록 데이터는 이제 AI의 도움을 받아 더욱 가치 있는 정보로 가공되고 활용될 수 있다. GPT for Sheets and Docs라는 구글 시트 부가 기능을 활용하여 각 도서의 줄거리와 진로와 연관 지어 느낀 점을 바탕으로 맞춤형 토론 주제를 자동으로 생성하는 방법을 알아보자.

이 자동화 기능은 교사가 일일이 독서 자료를 분석해 토론 주제를 정하는 수고를 덜어 준다. 또한, 학생들에게 깊이 있는 질문을 던져 탐구 보고서 작성이나 추가 독서로 이어지도록 도와줌으로써 독서 활동을 더욱 풍부하고 의미 있게 만들어 준다.

단, 체험해 볼 만한 소량의 토큰만 무료로 사용이 가능하고 유료 서비스로 운영되고 있는 점을 고려해야 한다. AI 모델을 통한 텍스트 생성에는 비용이 발생하며, 이는 '토큰 팩'을 구매하는 방식으로 청구된다. 토큰은 AI 모델에 입력되는 프롬프트의 길이와 AI가 생성하는 결과물의 길이에 비례하여 소모된다. 사용해 본 뒤 이처럼 AI를 활용한 데이터 처리 및 자동화 방식에 흥미를 느꼈다면, 구글에서 직접 제공하는 제미나이 API나 다른 오픈소스 AI 서비스의 API 키를 직접 연동하여 무료 제한 토큰을 이용하여 구축해 볼 것을 추천한다.

🄖 GPT for Sheets and Docs 부가 기능 설치 및 설정

GPT for Sheets and Docs는 구글 시트와 구글 독스 내에서 챗GPT, 제미나이, 클로드와 같은 최신 AI 모델의 기능을 활용할 수 있게 해주는 편리한 부가 기능이다. 이 기능을 통해 텍스트 생성, 요약, 번역 등 다양한 AI 작업을 스프레드시트에서 직접 수행할 수 있다.

가) 부가기능 설치

사용 중인 스프레드시트 상단 메뉴 바에서 [확장 프로그램]을 클릭한다. 드롭다운 메뉴에서 [부가기능]을 선택하고, 하위 메뉴에서 [부가기능 설치하기]를 클릭한다.

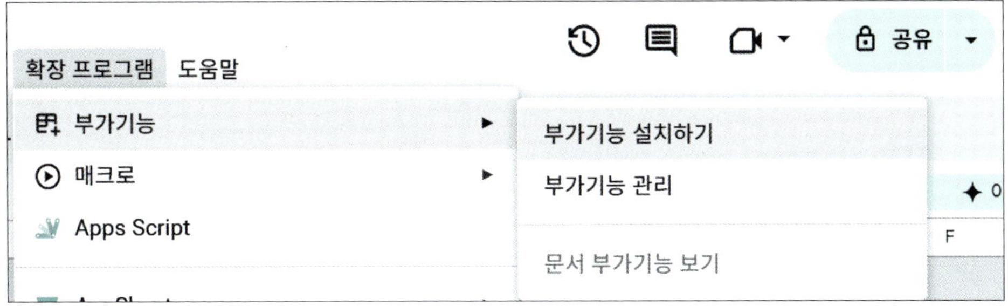

나) 구글 워크스페이스 마켓플레이스

구글 워크스페이스 마켓플레이스 창이 새 탭으로 열리면, 상단의 검색창에 "GPT for Sheets and Docs"를 입력하여 검색 후, 파란색 [설치] 버튼을 클릭한다.

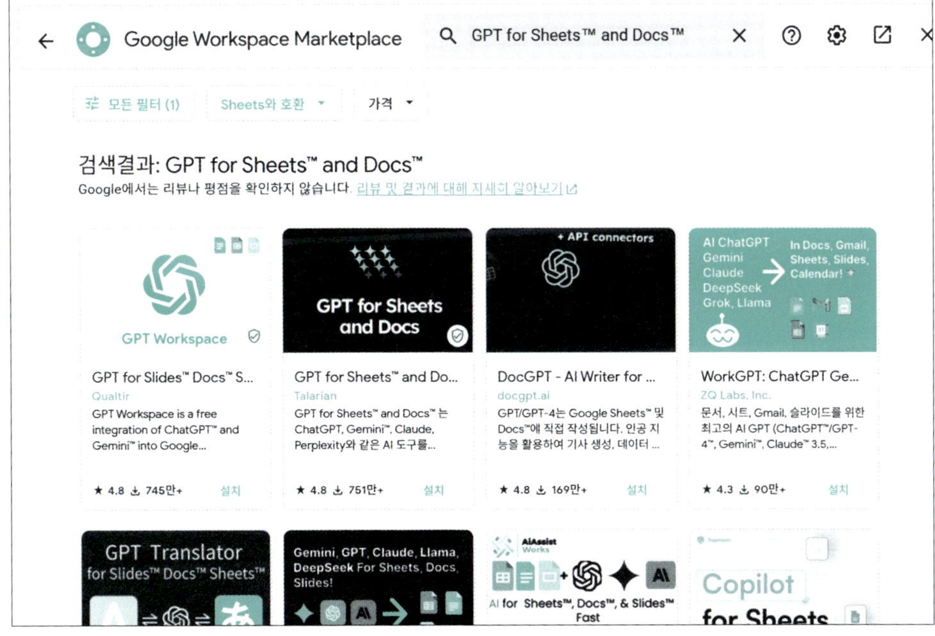

부가 기능 설치 과정에서 사용자의 Google 계정 및 연결된 스프레드시트 데이터에 액세스할 수 있도록 권한 승인이 필요하다. 이는 부가 기능이 스프레드시트 내에서 데이터를 읽고, AI 기능을 실행하며, 생성된 결과를 다시 스프레드시트에 쓰는 등 정상적인 작동을 위해 필수적인 과정이다.

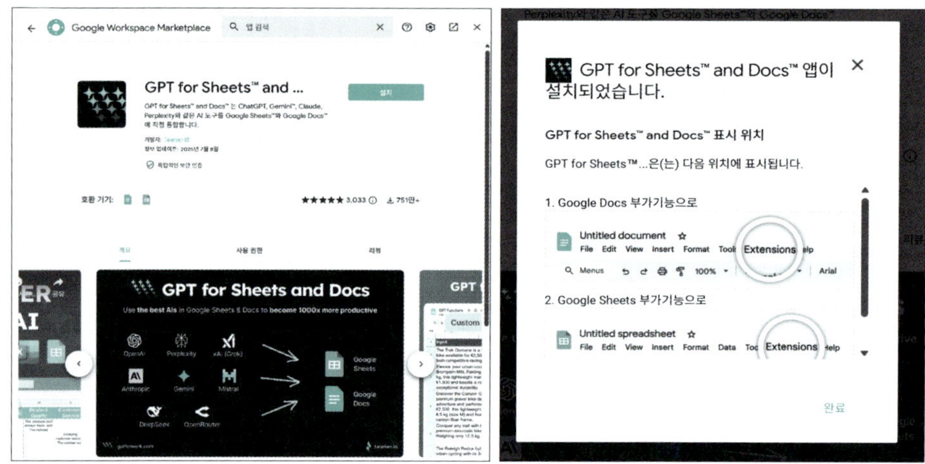

설치가 완료된 후, 스프레드시트 상단 메뉴에서 [확장 프로그램]을 다시 클릭한다. 드롭다운 메뉴에 새로 추가된 'GPT for Sheets and Docs™' 항목이 보일 것이다.

④ 토론 주제 자동 생성 실습

이제 스프레드시트 셀에 직접 GPT 함수를 입력하는 방식으로도 AI 기능을 활용할 수 있는 토대가 마련되었다. 이 방식은 특히 특정 셀의 데이터를 참조하여 결과를 생성할 때 매우 유연하고 효율적이다. 실습을 통해 학생들의 독서 기록을 바탕으로 맞춤형 토론 주제를 자동으로 생성해 보자.

가) 응답 받은 시트 열기

먼저, 학생들이 독서 활동지에 응답하여 데이터가 누적된 구글 스프레드시트를 연다. 이 시트에는 최소한 '타임스탬프', '책 제목(저자명)', 그리고 AI가 토론 주제를 생성하는 데 핵심적으로 사용될 '줄거리'(C열에 위치), '진로와 연관 지어 느낀 점'(D열에 위치)과 같은 열들이 포함되어 있어야 한다.

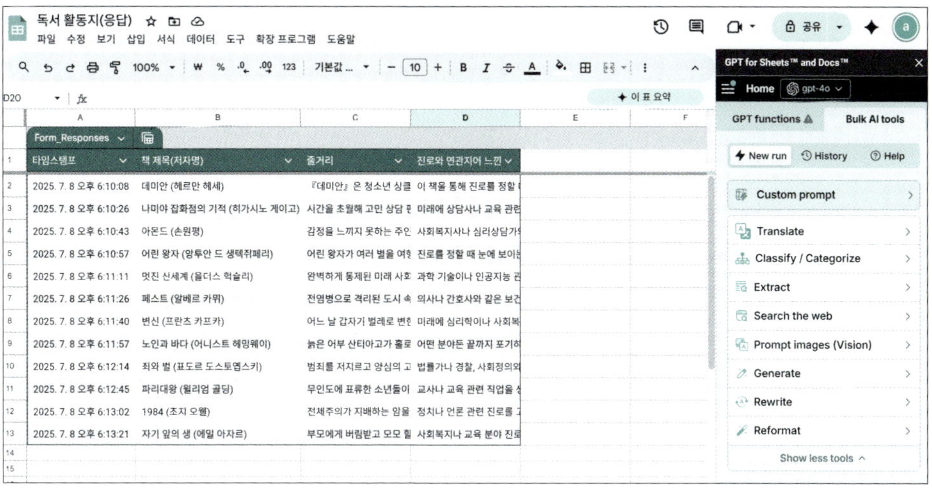

AI 함수를 통해 생성될 토론 주제를 저장할 새로운 열을 준비한다. 예를 들어, 현재 데이터가 채워져 있는 D열 옆의 빈 E열을 선택하고, 해당 열의 첫 번째 행(헤더 부분)에 '토론 주제 자동화'와 같은 추가하고 싶은 기능의 제목을 입력한다.

나) GPT 함수 입력

이제 AI가 생성할 토론 주제가 처음으로 표시될 셀(예: E2, 즉 '토론 주제 자동화' 열의 두 번째 행)을 클릭한다. 부가 기능을 사용하기 위해 복잡한 사이드바 조작 없이, 해당 셀에 다음 GPT 함수를 직접 입력한 후 키보드의 Enter 키를 누른다.

=GPT("확장된 주제로 토론할 거리 문장 형태로 3가지 제안해 줘", C2:D2)

'=GPT(...)' 함수는 맞춤형 AI 호출 함수다. 이 함수를 통해 사용자는 AI 모델에 특정 명령을 내리고, 그에 대한 AI의 생성 결과를 스프레드시트 셀에서 직접 받아 볼 수 있다. 프롬프트에서 C2:D2 부분은 AI가 토론 주제를 생성하는 데 참고할 응답 데이터 원본을 지정하는 셀 범위다.

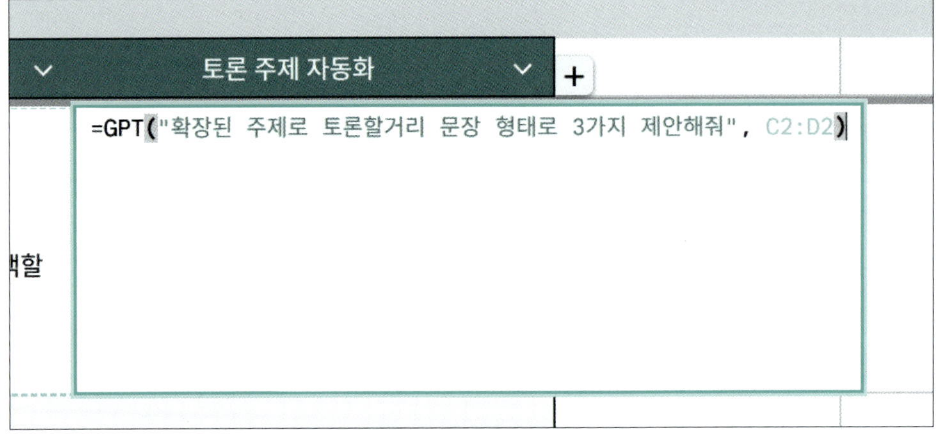

다) 결과 확인 및 함수 자동 채우기

함수를 입력하고 엔터 키를 누르면, E2 셀에는 잠시 '로드 중…'과 같은 메시지가 표시된다. AI 모델이 C2와 D2 셀의 내용을 분석하고 프롬프트에 따라 결과를 생성하는 데 필요한 시간이다. 잠시 후, E2 셀에는 AI가 생성한 3가지 문장 형태의 토론 주제가 자동으로 나타난다.

책 제목(저자명)	줄거리	진로와 연관지어 느낀점	토론 주제 자동화
데미안 (헤르만 헤세)	『데미안』은 청소년 싱클레어가 자신의 내면적 갈등과 성장통을 겪으며 자아를 찾아가는 이야기를 담고 있다. 주인공은 신비로운 친구 데미안을 만나며 선과 악의 경계를 고민하고 진정한 자아를 발견한다.	이 책을 통해 진로를 정할 때 주변의 기대보다 자신의 내면의 목소리를 따르는 것이 중요하다는 걸 느꼈다. 자신의 개성을 발견하고 진로를 선택할 때에도 용기와 자립이 필요하다는 교훈을 얻었다.	1. 『데미안』에서 묘사된 선과 악의 경계가 현대 사회에서 어떻게 적용될 수 있는지에 대해 토론해보자. 2. 청소년들이 진로를 선택할 때 주변의 기대와 자신의 내면의 목소리 중 무엇을 우선시해야 하는지에 대해 논의해보자. 3. 자아 발견 과정에서 용기와 자립이 왜 중요한지, 그리고 이를 어떻게 키울 수 있는지에 대해 이야기해보자.
나미야 잡화점의 기적 (히가시노 게이고)	시간을 초월해 고민 상담 편지가 오가는 신비한 잡화점을 배경으로, 과거와 현재의 인물들이 서로 영향을 주고받으며 위로와 희망을 얻는 이야기다.	미래에 상담사나 교육 관련 직업을 희망한다면, 남의 고민에 진심으로 귀기울이는 공감 능력과 작은 관심이 상대방에게 큰 위로가 될 수 있다는 점을 배울 수 있었다.	로드 중…
아몬드 (손원평)	감정을 느끼지 못하는 주인공 윤재가 친구와의 관계를 통해 점차 감정을 깨닫고 성장하는 과정을 다룬 소설이다.	사회복지사나 심리상담가와 같은 직업을 꿈꾼다면, 타인의 감정을 이해하고 공감하는 능력이 얼마나 중요한지 깨닫게 해 준 작품이었다.	로드 중…

이제 첫 번째 도서의 토론 주제가 성공적으로 생성되었으므로 나머지 모든 도서에 대해 동일한 작업을 자동화할 수 있다. E2 셀을 선택한 후, 해당 셀의 오른쪽 하단 모서리에 마우스 커서를 올리면 십자 모양으로 변한다. 이 상태에서 마우스로 클릭하여 데이터가 있는 마지막 행까지 아래로 드래그한다.

이렇게 하면 구글 스프레드시트의 자동 채우기 기능이 나머지 모든 행에 대해 동일한 GPT 함수를 적용하며, 각 행의 C열과 D열 데이터를 자동으로 참조하여 해당 도서에 맞는 맞춤형 토론 주제를 일괄적으로 생성한다.

책 제목(저자명)	줄거리	진로와 연관지어 느낀점	토론 주제 자동화
데미안 (헤르만 헤세)	『데미안』은 청소년 싱클레어가 자신의 내면적 갈등과 성장통을 겪으며 자아를 찾아가는 이야기를 담고 있다. 주인공은 신비로운 친구 데미안을 만나며 선과 악의 경계를 고민하고 진정한 자아를 발견한다.	이 책을 통해 진로를 정할 때 주변의 기대보다 자신의 내면의 목소리를 따르는 것이 중요하다는 걸 느꼈다. 자신의 개성을 발견하고 진로를 선택할 때에도 용기와 자립이 필요하다는 교훈을 얻었다.	1. 『데미안』에서 묘사된 선과 악의 경계가 현대 사회에서 어떻게 적용될 수 있는지에 대해 토론해보자. 2. 청소년들이 진로를 선택할 때 주변의 기대와 자신의 내면의 목소리 중 무엇을 우선시해야 하는지에 대해 논의해보자. 3. 자아 발견 과정에서 용기와 자립이 왜 중요한지, 그리고 이를 어떻게 키울 수 있는지에 대해 이야기해보자.
나미야 잡화점의 기적 (히가시노 게이고)	시간을 초월해 고민 상담 편지가 오가는 신비한 잡화점을 배경으로, 과거와 현재의 인물들이 서로 영향을 주고받으며 위로와 희망을 얻는 이야기다.	미래에 상담사나 교육 관련 직업을 희망한다면, 남의 고민에 진심으로 귀 기울이는 공감 능력과 작은 관심이 상대방에게 큰 위로가 될 수 있다는 점을 배울 수 있었다.	1. 과거와 현재의 인물들이 서로의 경험을 통해 어떻게 서로의 삶에 긍정적인 영향을 미칠 수 있는지에 대해 토론해보자. 2. 상담사나 교육자의 역할에서 공감 능력과 관심이 왜 중요한지, 그리고 그것이 어떻게 실질적인 변화를 가져올 수 있는지에 대해 논의해보자. 3. 신비한 잡화점과 같은 공간이 현대 사회에서 어떤 방식으로 사람들에게 위로와 희망을 제공할 수 있을지에 대해 이야기해보자.
아몬드 (손원평)	감정을 느끼지 못하는 주인공 윤재가 친구와의 관계를 통해 점차 감정을 깨닫고 성장하는 과정을 다룬 소설이다.	사회복지사나 심리상담가와 같은 직업을 꿈꾼다면, 타인의 감정을 이해하고 공감하는 능력이 얼마나 중요한지 깨닫게 해 준 작품이었다.	1. 감정을 느끼지 못하는 주인공이 감정을 깨닫게 되는 과정이 현실적으로 가능한지에 대해 논의해보자. 2. 사회복지사나 심리상담가가 타인의 감정을 이해하고 공감하는 능력을 키우기 위해 어떤 교육과 훈련이 필요한지에 대해 이야기해보자. 3. 감정의 부재가 인간관계에 미치는 영향과 이를 극복하기 위한 방법에 대해 토론해보자.

이와 같은 AI 기반 자동화를 통해 교사는 학생들의 독서 기록을 단순히 수집하고 보관하는 것을 넘어, 이를 활용하여 개별 학생의 독서 특성과 진로 고민을 반영한 심도 있는 토론 주제를 손쉽게 마련할 수 있게 된다. 이는 독서 교육의 효율성을 극대화하고, 학생들의 비판적 사고력 및 토론 참여도를 효과적으로 향상시키는 데 기여할 것이다.

[Tip] 업무 자동화의 확장 가능성

AI 기반의 데이터 처리 및 자동화 방식은 독서 토론 주제 생성에만 국한되지 않고, 학교 현장에서 교사가 직면하는 다양한 대량의 텍스트 처리 및 행정 업무에도 광범위하게 적용될 수 있다.

예를 들어, 학생들의 봉사활동 기록, 동아리 활동 내용, 수상 실적 등 생활기록부 작성을 위한 정량적, 정성적 데이터를 기반으로 특정 항목의 서술 내용을 자동으로 생성하거나, 학생 개개인의 특성과 성장을 반영한 맞춤형 피드백을 대량으로 생성하는 데 활용될 수 있다.

3장

독서 영상 자동 탐색기 만들기 (유튜브 API)

학생들의 독서 흥미를 높이고 도서관 활용 능력을 키우는 데 영상 콘텐츠는 강력한 도구가 될 수 있다. 하지만 방대한 유튜브에서 양질의 영상을 일일이 찾아내는 것은 쉬운 일이 아니다. 구글 스프레드시트와 구글 앱스 스크립트를 활용하여 나만의 맞춤형 독서 영상 자동 탐색기를 만들어 필요한 영상을 손쉽게 탐색하고 관리하는 방법을 소개한다. 이 탐색기는 원하는 카테고리와 검색어를 입력하면 관련 유튜브 영상 목록을 자동으로 불러와 정리해 줄 것이다.

1) 유튜브 데이터 API 키 발급받기

유튜브 영상 데이터를 검색하기 위해서는 유튜브 데이터 API 키가 필요하다. 이 키는 구글 클라우드 플랫폼에서 발급받으며, 사용자의 요청이 유튜브 데이터 API를 통해 이루어지는 것을 인증하는 역할을 한다. API 키는 계정의 중요한 보안 정보이므로 외부에 공개되거나 공유되지 않도록 각별히 주의해야 한다.

가 구글 클라우드 콘솔 접속

웹 브라우저에서 console.cloud.google.com에 접속한다. 구글 계정으로 로그인한다.

나 YouTube Data API 검색 및 활성화

구글 클라우드 콘솔 상단의 검색창에 "YouTube Data API v3"를 입력하여 검색한 뒤 클릭한다. 해당 API의 상세 페이지로 이동하면 [사용] 버튼이 보일 것이다.

[사용] 버튼을 클릭하여 API를 활성화한다. 이 과정은 API를 현재 프로젝트에서 사용할 수 있도록 설정하는 절차이다.

다 API 키 생성 및 확인

- 사용자 인증 정보 페이지 이동: 구글 클라우드 콘솔 좌측 메뉴에서 'API 및 서비스' 항목 아래에 있는 [사용자 인증 정보]를 클릭한다.

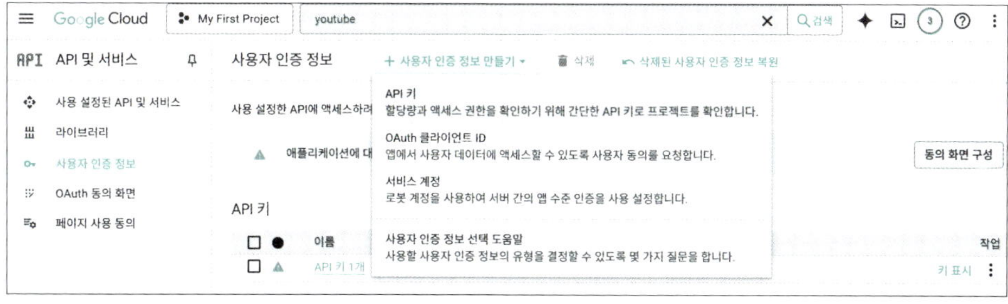

- API 키 생성: '사용자 인증 정보' 페이지 상단에 있는 [+ 사용자 인증 정보 만들기] 버튼을 클릭하고, 드롭다운 메뉴에서 [API 키]를 선택한다.
- API 키 확인 및 보관: API 키가 즉시 생성되어 화면에 팝업창으로 표시된다. 이 키(영문 대소문자와 숫자가 조합된 긴 문자열)를 안전한 곳에 복사해 둔다. 이 키는 앞으로 앱스 스크립트 코드에 직접 입력될 것이므로 절대 외부에 공개하거나 공유해서는 안 된다.

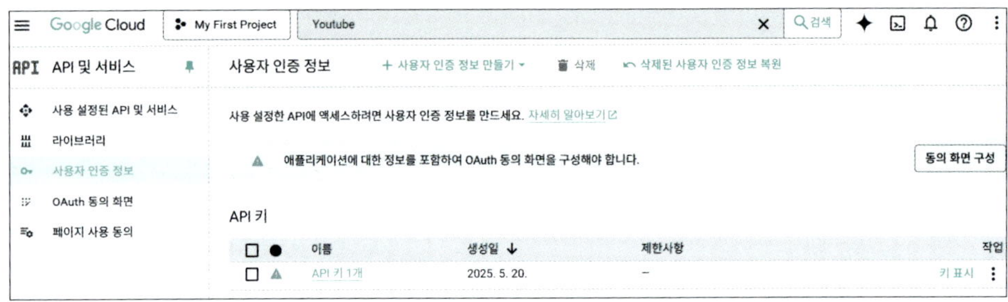

ㄹ) 스프레드시트 설정하기

가 새 스프레드시트 생성

구글 드라이브(drive.google.com)에 접속한다. 좌측 상단의 [+ 신규] 버튼을 클릭하고, [구글 스프레드시트]를 선택하여 새로운 빈 스프레드시트를 연다.

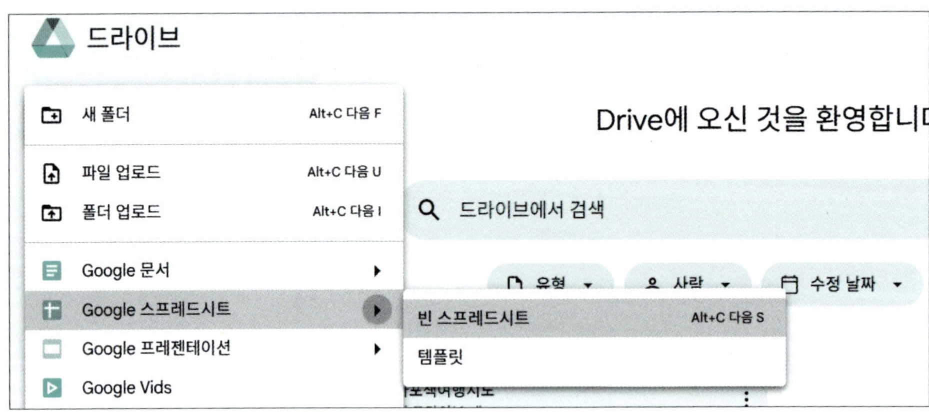

스프레드시트가 열리면 상단의 "제목 없는 스프레드시트" 부분을 클릭하여 이름을 "독서 영상 자동 탐색기" 또는 원하는 이름으로 변경한다.

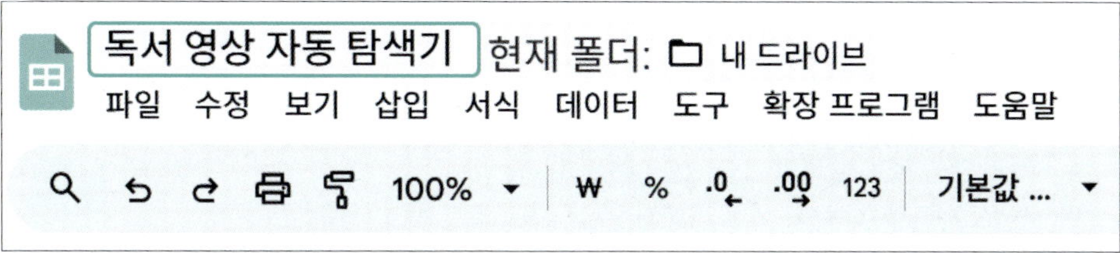

나 메인 시트 구성

이 스프레드시트의 첫 번째 시트는 검색기의 제어판 역할을 한다. 하단 시트 탭에서 기본 시트 이름을 마우스 우클릭한 후 [이름 바꾸기]를 선택하여 "메인"으로 변경한다. 이제 검색에 필요한 입력 및 필터링 항목들을 설정한다:

- 레이블 수동 입력

    A1 셀에 "카테고리 선택:"을 입력한다.

    A2 셀에 "검색어 입력:"을 입력한다.

    A3 셀에 "최근 3년 이내 영상 필터:"를 입력한다.

    A4 셀에 "구독자수 1000명 이상 필터:"를 입력한다.

혹시 추가 기능을 넣고 싶다면 이 위치에 넣고 싶은 레이블 명령어를 설정하고, 챗GPT와 바뀐 부분을 반영하여 앱스 스크립트를 구성해 달라고 요청하면 된다.

3) 앱스 스크립트 코드 작성하기

스프레드시트 상단 메뉴에서 [확장 프로그램]을 클릭한 후, 드롭다운 메뉴에서 [Apps Script]를 선택한다. 새로운 탭에 앱스 스크립트 편집기가 열린다.

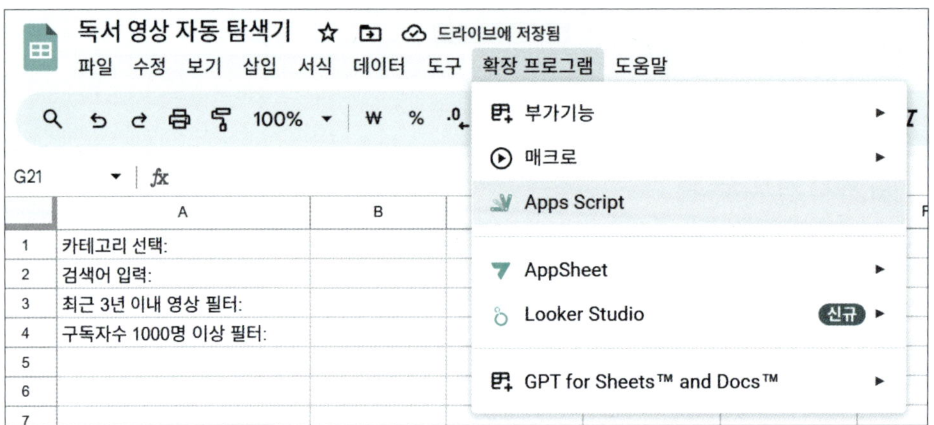

편집기에 기본적으로 작성되어 있는 코드를 모두 삭제한다(Ctrl+A를 눌러 전체 선택 후 Delete 키를 누른다). 이제 아래 제공된 앱스 스크립트 코드를 복사하여 편집기에 붙여 넣는다.

```
1    // ===== 사용자 설정 영역 - 필요에 따라 이 부분만 수정한다 =====
2    var YOUTUBE_API_KEY = '여기에_본인의_API_키_입력'; // 발급받은 유튜브 데이터 API 키를 입력한다.
3
4    // 영상 검색 카테고리 설정 (드롭다운 메뉴에 표시될 항목들)
5    var SEARCH_CATEGORIES = ['독서법', '도서관 활용', '북리뷰', '작가 강연', '오디오북']; // 독서/
     도서관 관련 카테고리로 변경됨
6
7    // 검색에서 제외할 키워드 목록 (상업적 콘텐츠 등을 필터링)
8    var EXCLUSION_KEYWORDS = ['-광고', '-sponsored', '-promotion'];
9
10   // 검색 결과로 가져올 최대 영상 수 (최대 50개까지 가능)
11   var MAX_VIDEO_RESULTS = 20;
12
13   // 결과 시트의 각 열 너비 설정 (픽셀 단위)
14   var RESULT_COLUMN_WIDTHS = {
15     thumbnail: 120,    // 썸네일 이미지 열
16     videoLink: 100,    // 영상 링크 열
17     channelName: 150, // 채널명 열
18     viewCount: 80,     // 조회수 열
19     subscriberCount: 80, // 구독자수 열
20     publishDate: 100, // 등록 날짜 열
21     videoTitle: 350,   // 영상 제목(내용) 열
22     userMemo: 150      // 사용자 메모 열
23   };
```

API 키 입력을 마쳤으면, 편집기 상단의 디스크 모양 [저장] 버튼을 클릭하거나 Ctrl+S를 눌러 코드를 저장한 뒤 [실행] 버튼을 눌러 준다. 정상적으로 작동하면 하단의 실행 로그 아래 "실행이 시작됨"이라는 알림이 노란색으로 표시된다.

[Tip] 앱스 스크립트 커스터마이징 방법
탐색기를 자신의 필요에 맞게 수정하고 싶다면 코드에서 아래 코드에 해당되는 부분을 추가하거나 변경할 수 있다.

- 카테고리 변경: SEARCH_CATEGORIES 배열에서 원하는 카테고리로 변경한다.

JavaScript

```javascript
var SEARCH_CATEGORIES = ['초등 독서', '중등 독서', '고등 독서', '도서관 운영'];
```

- 제외 키워드 변경: EXCLUSION_KEYWORDS 배열에서 검색에서 제외할 키워드를 변경한다. 현재 코드는 광고와 쇼핑 관련 영상은 키워드를 제외한 상태이다.

JavaScript

```javascript
var EXCLUSION_KEYWORDS = ['-광고', '-sponsored', '-promotion', '-쇼핑몰'];
```

- 검색 결과 수 변경: MAX_VIDEO_RESULTS 변수를 조정한다(최대 50개까지 가능).

JavaScript

```javascript
var MAX_VIDEO_RESULTS = 30;
```

4) 스크립트 권한 설정하기

작성된 앱스 스크립트 코드가 구글 스프레드시트와 유튜브 데이터 API에 접근하여 기능을 수행하려면 사용자로부터 권한 승인을 받아야 한다. 권한 승인 과정에서 구글로부터 이 앱은 구글에서 확인하지 않았다는 경고 화면이 나타날 수 있다. 이는 직접 작성한 스크립트이기 때문에 발생하는 정상적인 경고이다.

왼쪽 하단의 [고급 설정] 링크를 클릭한 후, [제목 없는 프로젝트(으)로 이동(안전하지 않음)] 링크를 클릭한다.

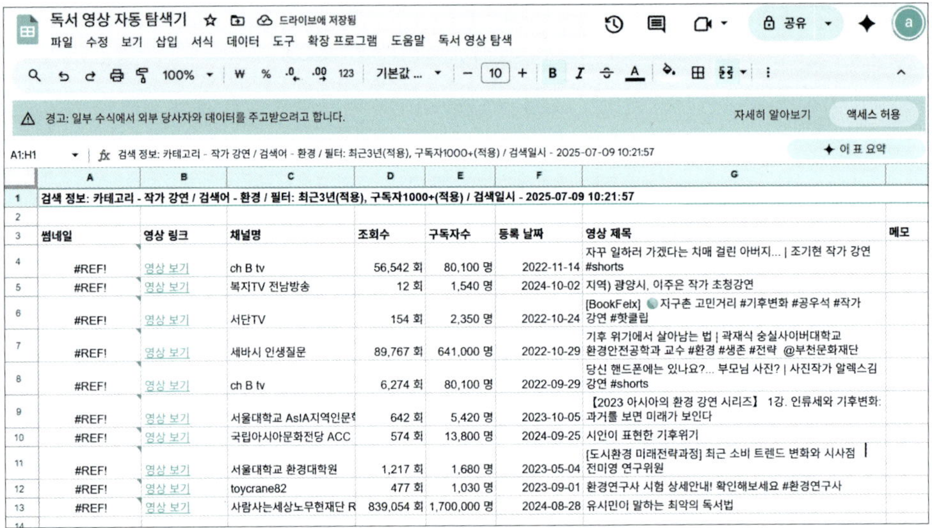

모든 권한 설정이 완료되었다면, 앱스 스크립트 편집기 탭을 닫거나 브라우저의 뒤로 가기 기능을 통해 스프레드시트로 돌아간다. 스프레드시트 페이지를 새로 고침(F5 키)한 후, 상단 메뉴 바에 [독서 영상 탐색]이라는 새로운 메뉴가 나타났는지 확인한다. 이 메뉴가 보이면 스크립트가 성공적으로 로드된 것이다. 상단의 [액세스 허용]을 눌러서 데이터 상호 작용이 가능하도록 설정하자.

5) 탐색기 사용 방법

가 첫 검색 실행

"메인" 시트로 돌아간다. B1 셀의 드롭다운 메뉴를 클릭하여 원하는 카테고리 (예: "작가 강연")를 선택한다. B2 셀에 검색할 키워드(예: "환경")를 입력한다.

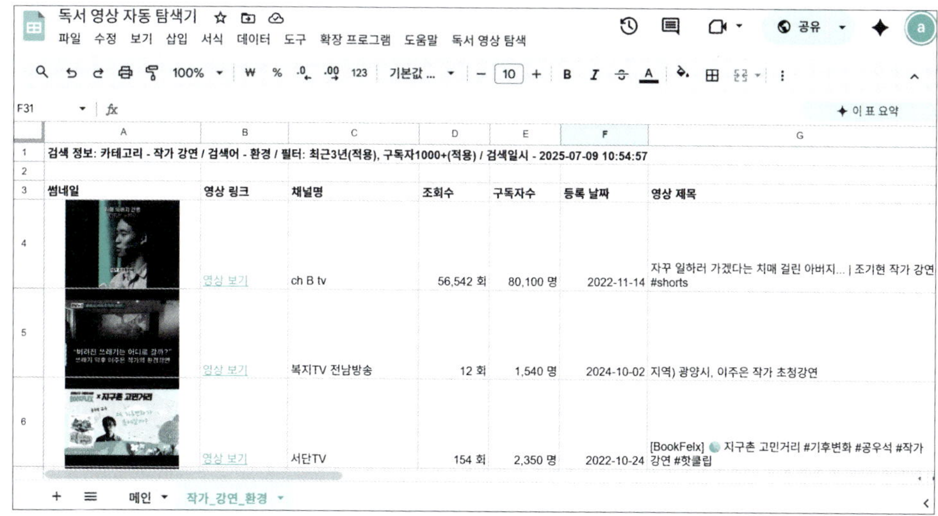

B3 셀과 B4 셀의 드롭다운을 사용하여 필터링 적용 여부(예: "적용" 또는 "미적용")를 선택한다. 스프레드시트 상단에 새로 생긴 [독서 영상 탐색] 메뉴를 클릭한 후, [새 검색 시작]을 선택한다.

잠시 기다리면 스프레드시트 하단에 "독서법_책_읽는_습관"과 같은 이름의 새로운 시트가 자동으로 생성되고, 검색 결과 영상 목록이 해당 시트에 표시되는 것을 확인할 수 있다. 검색 진행 상황은 화면 하단의 알림으로 표시된다.

🕪 검색 결과 확인

새로 생성된 시트에는 다음과 같은 정보들이 정리되어 있다:

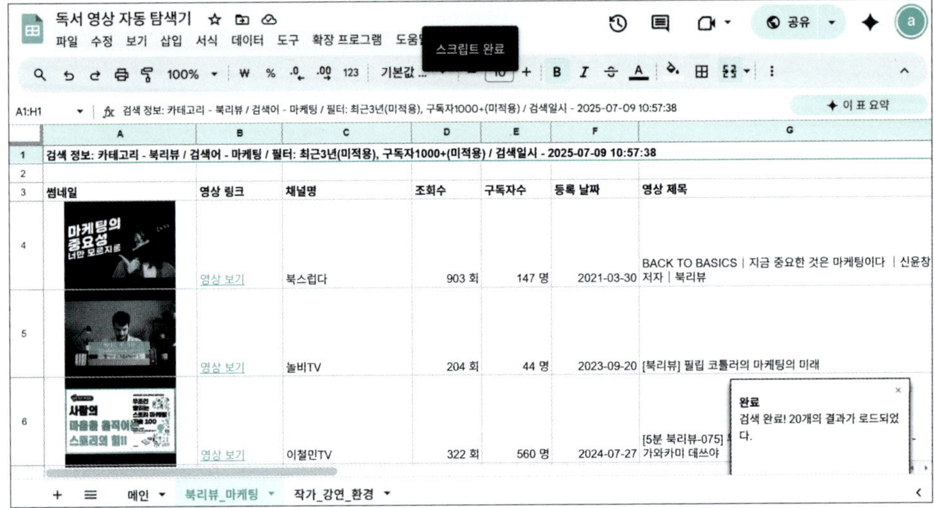

- 썸네일: 각 영상의 대표 이미지가 시트 내에 직접 표시된다.
- 영상 링크: "영상 보기"라는 텍스트 링크를 클릭하면 해당 유튜브 영상이 새 창에서 바로 열린다.
- 채널명: 영상을 올린 유튜브 채널의 이름이다.
- 조회수: 해당 영상의 조회수 정보이다. 숫자는 가독성을 위해 형식화되어 표시된다.
- 구독자수: 해당 채널의 구독자수 정보이다.
- 등록 날짜: 영상이 유튜브에 등록된 날짜이다.
- 영상 제목: 영상의 제목이다.

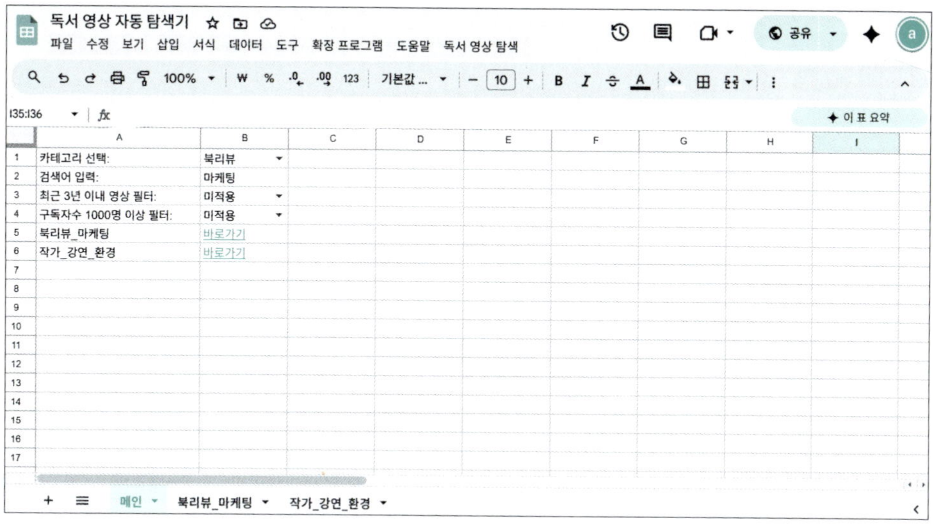

검색이 완료되면, "메인" 시트의 하단에 이전 검색 결과 시트의 목록과 해당 시트로 바로 이동할 수 있는 [바로가기] 링크가 자동으로 업데이트되어 편리하게 이전 검색 기록을 다시 확인할 수 있다.

[Tip] 주요 기능 안내 및 주의사항

- API 할당량: 유튜브 데이터 API는 일일 할당량이 제한되어 있다(일반적으로 10,000유닛). 검색 한 번당 약 100~150유닛을 소모하므로 하루에 약 60~70회 정도 검색할 수 있다.

- API 키 보안: API 키는 개인정보이므로 외부에 노출되거나 공유되지 않도록 주의해야 한다. 이 스프레드시트를 다른 사람과 공유할 때는 YOUTUBE_API_KEY 값을 먼저 제거하거나, API 키가 포함되지 않은 별도의 버전(액세스 권한 뷰어)을 공유하는 것이 좋다.

- 시트 관리: 검색을 자주 수행하면 스프레드시트에 많은 시트가 생성될 수 있다. 불필요한 검색 결과 시트는 해당 시트 탭에서 마우스 우클릭하여 [삭제]할 수 있다.

독서 활동 콘텐츠 자동화 (캔바, 감마, 클로드 아티팩트)

1) 독서 활동지 양식 생성

독후 활동을 계획할 때 가장 먼저 해야 할 일은 명확한 교육 목표를 설정하는 것이다. 그런데 실제 현장에서는 이 단계를 건너뛰고 바로 재미있는 활동부터 찾기 시작하는 경우가 많다. 물론 학생들의 흥미를 끄는 것도 중요하지만 교육적 목적 없는 활동은 시간 낭비가 될 수 있다.

앞서 배운 프롬프트 엔지니어링을 적용한 기본 템플릿은 다음과 같다. 상황 정보, 역할 설정, 구체적 요청, 출력 형식을 명확히 제시하면 훨씬 정확하고 유용한 결과를 얻을 수 있다.

기본 프롬프트 템플릿 설계:

• **역할(Role):** 교육과정 전문가이자 독서교육 전문가

• **상황(Context):** [도서명]을 [학년] 학생들과 읽으려고 함.
  - 교육과정 연계: [해당 교과/영역]

- 도서 특징: [장르, 주요 주제, 교육적 가치]
- 학생 상황: [학습 능력, 관심사, 특별히 고려할 점]
- 수업 환경: [수업 시간, 학급 규모, 활용 가능한 자료]

- **요청(Task): 다음을 체계적으로 제안해 줘.**
  ❶ 이 책을 통해 달성할 수 있는 교육 목표 3가지 (교육과정 성취기준 연계)
  ❷ 각 목표별 핵심 활동 아이디어 (구체적 실행 방법 포함)
  ❸ 목표 달성도 확인을 위한 평가 포인트 (관찰 가능한 행동 지표)

- **출력 형식(Format): 목표별로 구분하여 제시, 각 목표마다 [교육과정 연계-활동-평가]가 명확히 연결되도록**

예를 들어 『마당을 나온 암탉』 독서 수업을 계획한다고 해보자. 위의 템플릿을 실제 적용해 보면 다음과 같다.

- **역할: 교육과정 전문가이자 독서교육 전문가**
- **상황: 『마당을 나온 암탉』을 초등학교 6학년 학생들과 읽으려고 함.**
  - 교육과정 연계: 국어과 문학 영역, 도덕과 생명 존중 교육
  - 도서 특징: 우화적 동화, 자유 의지와 모성애 주제, 생명의 존엄성 다룸
  - 학생 상황: 책 읽기는 좋아하지만 추상적 개념 이해 어려움, 토론 경험 부족
  - 수업 환경: 국어 시간 4차시 활용, 학급 인원 24명, 태블릿 12대 사용 가능

- **요청: 다음을 체계적으로 제안해 줘.**
  - ❶ 이 책을 통해 달성할 수 있는 교육 목표 3가지 (2022 개정 교육과정 성취기준 연계)
  - ❷ 각 목표별 핵심 활동 아이디어 (40분 수업 2차시 기준 구체적 실행 방법)
  - ❸ 목표 달성도 확인을 위한 평가 포인트 (학생 행동 관찰 지표)

- **출력 형식: 목표별로 구분하여 제시, [성취기준-교육목표-핵심활동-평가지표] 순서로**

단순히 교육과정 이름만 언급하는 것을 넘어서 실제 성취 기준과 정확히 연결하려면 교육과정 문서를 챗GPT에 미리 학습시키는 것이 좋다. 먼저 교육부에서 제공하는 '2022 개정 교육과정' 문서를 PDF 형태로 다운로드한다. 그다음 챗GPT에 해당 문서를 업로드하고 다음과 같이 요청한다.

> 업로드한 2022 개정 교육과정 문서를 기반으로, 앞서 제안한 교육 목표들이 어떤 성취 기준과 연결되는지 구체적으로 분석해 줘. 성취 기준 코드와 함께 제시하고, 각 목표가 해당 성취 기준을 어떻게 달성하는지 설명해 줘.

이렇게 하면 단순히 "국어과 문학 영역과 연계됩니다"라는 답변이 아니라, "[4국05-04] 작품에 대한 생각이나 느낌을 다양한 방법으로 표현한다"와 같은 구체적인 성취 기준과 연결된 답변을 받을 수 있다.

[Tip] 생성형 AI에 데이터를 입력할 시 준수해야 할 원칙

AI 도구를 활용할 때 반드시 지켜야 할 것이 학생들의 개인정보 보호다. 개인정보 보호법에 따르면 학생의 성명, 학번, 구체적인 진단명, 가정 환경 등은 모두 민감 정보에 해당한다. 따라서 챗GPT와 소통할 때는 다음 원칙을 반드시 지켜야 한다.

첫째 **개별 학생을 특정할 수 있는 정보는 절대 사용하지 않는다.**

구체적인 이름, 학번, 주소, 전화번호 등은 당연히 금지되고, "○○반에서 가장 키가 큰 학생"처럼 간접적으로라도 개인을 특정할 수 있는 표현도 피해야 한다.

둘째 **의료적 진단명이나 장애 관련 정보는 일반화하여 표현한다.**

"우리 반 김○○는 ADHD 진단을 받아서 집중력이 부족해요." (×)
"집중력 유지가 어려운 학생들이 몇 명 있어서 활동 시간을 짧게 구성해야 해요." (○)

셋째 **가정환경이나 경제적 상황에 대한 구체적 언급도 피한다.**

"한 부모 가정 학생들이 많아서……." (×)
"다양한 가정 형태의 학생들을 고려해서……." (○)

생성형 AI를 쓸 때 민감 정보 관리가 중요한 이유는 학생의 인권 문제와 더불어 생성형 AI의 학습 데이터 문제 때문이다. 챗GPT에 입력하는 내용은 AI 모델을 학습시키고 개선하는 데 사용될 수 있다. 만약 우리가 무심코 "OO반의 김OO 학생은 주의력이 산만함"이라는 정보를 입력하면, 그 데이터가 어딘가에 저장되고 학습되어서 나중에 전혀 다른 사람이 비슷한 질문을 했을 때 섞여 나갈 아주 희박한 가능성이라도 존재하게 된다.

따라서 처음부터 개인을 특정할 수 있는 민감한 정보는 아예 입력하지 않는 것이 가장 안전하고 확실한 방법이다.

㉮ 상황별 활동지 자동 생성

교육 목표가 설정되었다면 이제 본격적으로 활동지를 만들어 보자. 핵심은 각 활동지의 목적과 특성을 명확히 하고, 그에 맞는 최적화된 프롬프트를 설계하는 것이다.

가) 기본형 활동지 생성

기본형 활동지는 독후 활동을 처음 접하는 학생들이나 해당 도서를 처음 읽는 학생들을 위한 것이다. 이 활동지의 핵심 원칙은 '부담 없이 시작할 수 있되, 의미 있는 사고는 유도하기'다. 너무 어려우면 학생들이 포기하고, 너무 쉬우면 교육적 효과가 없다.

기본형 활동지 프롬프트:

- **역할: 독서교육 전문가 겸 학습지 디자이너**

- **상황 분석:**
  - 도서: [도서명]
  - 대상: [학년] 학생들 (독후활동 경험 [많음/보통/적음])
  - 목적: 책 내용 이해 + 기본적 사고력 신장
  - 제약: 학생 부담 최소화, 완성 가능한 분량
  - **세부 요구 사항:**
  - **구성 요소 (3단계 구조)**
    - ❶ **읽기 전 활동 (15분 소요)**

- 표지/제목 분석을 통한 내용 예측 2문항
- 배경지식 활성화 질문 1문항
② **읽는 중 활동 (독서 과정에서 수행)**
- 인상 깊은 구절 수집 공간 (3개, 이유 포함)
- 핵심 사건 체크리스트 (도서 특성에 맞게 조정)
③ **읽은 후 활동 (20분 소요)**
- 내용 확인 질문 5개 (객관적 이해 확인)
- 생각 나누기 질문 3개 (주관적 해석, 경험 연결)
- 책 추천 활동 1개 (한 줄 추천글 작성)

- **출력 형식:**
  - 한글/워드에서 편집 가능한 표 형태
  - A4 2페이지 분량 (인쇄 최적화)
  - 학생 이름, 날짜 기입란 포함
  - 교사용 답안 예시 별도 제공

- **특별 고려 사항:**
  - 질문 언어 수준: [학년] 학생 이해 가능한 어휘
  - 답안 공간: 충분하되 부담스럽지 않은 크기
  - 시각적 요소: 간단한 삽화/아이콘 제안 포함

이 조건들을 바탕으로 즉시 활용 가능한 독서활동지를 제작해 줘.

이 프롬프트의 핵심은 단순히 질문만 나열하는 것이 아니라, 교육적 의도와 실용적 고려 사항을 모두 포함했다는 점이다. '15분 소요', 'A4 2페이지', '교사용 답안 예시' 같은 구체적 조건들이 있어야 실제 현장에서 바로 사용할 수 있는 결과물이 나온다.

나) 목적별 특화 활동지 생성

기본형 활동지가 범용적 이해를 목적으로 한다면, 특화 활동지는 특정한 교육 목적이나 수업 방식에 최적화된 것이다. 토론, 창의적 글쓰기, 프로젝트 등 각각의 목적에 따라 활동지의 구조와 내용이 완전히 달라져야 한다.

토론용 활동지 프롬프트:

- **역할:** 토론 교육 전문가 겸 논리적 사고 트레이너

- **토론 설정:**
  - 도서: [도서명]
  - 논제: [구체적 찬반 논제]
  - 형식: [모둠 토론/전체 토론/온라인 토론]
  - 시간: 준비 [시간] + 토론 [시간]

- **활동지 구성 요구 사항:**

  1단계 논제 이해하기 (5분)
  - 논제 핵심 키워드 분석
  - 찬성/반대 입장 예상 정리
  - 내 초기 입장 표명 (이유 1개)

  2단계 근거 수집하기 (15분)
  - 책에서 찾은 직접 근거 3개 (페이지, 내용)
  - 현실 연결 근거 2개 (경험, 사례, 통계 등)
  - 각 근거별 신뢰도 자체 평가

  3단계 반박 준비하기 (10분)
  - 상대방 예상 주장 3가지
  - 각 주장에 대한 반박 포인트
  - 최약점 보완 전략

1부 2부 3부

3부 챗GPT를 활용한 도서관 업무하기

4단계 토론 후 성찰 (10분)
- 내 입장 변화 여부 및 이유
- 가장 설득력 있었던 근거 (상대방 포함)
- 다음 토론에서 개선할 점

- **출력 요구 사항:**
- 각 단계별 충분한 작성 공간
- 체크리스트 및 평가 척도 포함
- 토론 규칙 및 예의 안내문 포함
- 교사용 토론 진행 가이드별도 제공

이 구조로 논리적 사고력 신장에 최적화된 토론 활동지를 제작해 줘.

토론용 활동지의 특징은 감정적 반응을 논리적 구조로 변환하는 과정을 체계화했다는 점이다. 단순히 '찬성/반대'를 묻는 것이 아니라, 왜 그렇게 생각하는지, 어떤 근거가 있는지, 반대 의견에는 어떻게 대응할지까지 종합적으로 준비하도록 안내한다.

프로젝트형 활동지 프롬프트:

- **역할: 프로젝트 학습 설계 전문가 겸 학습 관리 멘토**

- **프로젝트 개요:**
- 주제 도서: [도서명]
- 프로젝트 주제: [구체적 탐구 주제]
- 진행 기간: [주] 주간 ([총 차시] 차시)
- 최종 결과물: [전시회/발표회/포트폴리오/웹사이트 등]
- 평가 방식: [과정 평가 비중]% + [결과 평가 비중]%

- **프로젝트 단계별 가이드:**

- **기획 단계 (1주차)**
  - 프로젝트 목표 설정 (개인별/모둠별)
  - 역할 분담 및 일정 계획
  - 필요 자료 및 도구 점검
  - 중간 점검 일정 협의

- **조사 및 연구 단계 (2~3주차)**
  - 주차별 세부 계획표
  - 자료 수집 방법 및 출처 관리
  - 연구 노트 작성 요령
  - 주간 진도 점검 양식

- **제작 및 구성 단계 (4~5주차)**
  - 결과물 제작 단계별 체크리스트
  - 품질 관리 기준
  - 문제 발생 시 해결 방안
  - 동료 피드백 활용 방법

- **발표 및 평가 단계 (6주차)**
  - 발표 준비 가이드
  - 상호 평가 양식
  - 자기 성찰 및 학습 정리
  - 다음 프로젝트를 위한 개선점 도출

- **관리 도구:**
  - 주간 학습 일지
  - 진도율 체크 차트
  - 자료 출처 기록표
  - 모둠 협력 평가지
  - 최종 성과 평가 루브릭

> 이 구조로 학생들이 스스로 프로젝트를 기획하고 실행하며 완성할 수 있도록 체계
> 적으로 지원하는 활동지를 제작해 줘.

프로젝트형 활동지의 특징은 단일 활동이 아닌 연속적인 학습 과정을 지원한다
는 점이다. 따라서 각 단계별로 필요한 역량과 활동이 다르고, 이를 체계적으로 관
리할 수 있는 도구들이 함께 제공되어야 한다. 특히 학생들이 스스로 진도를 관리
하고 문제를 해결할 수 있도록 돕는 것이 핵심이다.

🔵 완성된 활동지 출력

챗GPT로 훌륭한 활동지를 만들었다면 이제 마지막 단계가 남았다. 텍스트 형태
의 결과물을 실제 수업에서 바로 사용할 수 있는 문서로 변환하는 것이다.

여기서는 챗GPT의 결과물을 효율적으로 문서화하는 세 가지 핵심 방법을 알아
볼 것이다. 첫 번째는 최신 인터페이스인 캔버스(Canvas) 기능을 활용해 즉석에서
인쇄용 결과물을 얻는 방법이고, 두 번째는 데이터 분석 기능으로 편집 가능한 워
드 파일을 생성하는 방법, 마지막으로 캔바를 활용해 디자인 완성도를 높이는 방
법이다.

가) 캔버스 기능을 활용한 즉시 PDF 변환

캔버스는 챗GPT 내부에서 사용할 수 있는 협업 인터페이스로, 무료 플랜에서도
제한적으로 사용이 가능하다. 캔버스를 호출하면 아래 그림과 같이 분할된 인터페
이스를 제공하며, 왼쪽 채팅 창에서 AI에 지시를 내리면 오른쪽 편집 창에서 그 결
과물을 즉시 확인할 수 있다.

워드 파일 특징

- ✅ **A4 기준 2페이지 자동 분리** (페이지 나누기 적용)
- ✅ 글꼴: **맑은 고딕** → 학교 PC/프린터 호환성 높음
- ✅ 표 스타일: *Table Grid* → 출력 시 칸선 선명
- ✅ 답안 칸 높이 조정 완료 → 학생 부담 최소화
- ✅ 바로 **PDF로 저장 가능** (워드 → 다른 이름으로 저장 → PDF)

활용 팁 (현장용)

- 학교별 양식에 맞게
  → 상단에 **학교명 / 과목명**만 추가하면 바로 공문·공개수업 가능
- 온라인 제출 시
  → "표 안에 직접 입력" 방식으로 학생들이 가장 편해합니다
- 평가 연계 시
  → ③, ⑥, ⑦번만 체크해도 **과정 중심 평가 기록** 충분합니다

원하시면 다음도 바로 만들어 드릴게요.

- 📌 **교사용 해설·채점 기준 포함 워드**
- 📌 **수준별(기본/도전) 2종 세트**
- 📌 **같은 포맷의 다른 작품 활동지 일괄 제작**

다음 타깃 도서 정해져 있나요, 아니면 학기 독서 목록 기준으로 묶어 드릴까요? ✍

⎘ 👍 👎 ⬆ …

↓

＋ 무엇이든 물어보세요 🎤 ◉

ChatGPT는 실수를 할 수 있습니다. 중요한 정보는 재차 확인하세요. **쿠키 기본 설정**을 참고하세요.

```html
<!DOCTYPE html>
<html lang="ko">
<head>
  <meta charset="UTF-8" />
  <title>마당을 나온 암탉 – 6학년 독서활동지</title>
  <style>
    @page {
      size: A4;
      margin: 20mm;
    }
    body {
      font-family: "Malgun Gothic", "Apple SD Gothic Neo", sans-serif;
      line-height: 1.5;
      color: #000;
    }
    h1, h2, h3 {
      margin: 0.6em 0 0.3em;
    }
    h1 {
      text-align: center;
      font-size: 20pt;
    }
    h2 {
      font-size: 15pt;
      border-bottom: 2px solid #000;
      padding-bottom: 4px;
    }
    h3 {
      font-size: 13pt;
    }
    .info {
      margin: 10px 0 20px;
      font-size: 11pt;
    }
    .info span {
      display: inline-block;
      width: 32%;
    }
    table {
      width: 100%;
      border-collapse: collapse;
```

챗GPT가 활동지를 만든 후, 더 수정할 내용이 없다면 바로 이어서 다음 프롬프트를 사용한다.

HTML 렌더링 프롬프트:

위에서 만든 활동지 내용을 HTML 코드로 작성해서 캔버스(또는 별도 창)에 보여줘.

- 구체적 요구 사항:
  - A4 용지 규격에 맞춰 레이아웃을 잡아줘.
  - 제목, 표, 본문의 가독성을 높여줘.
  - 나눔고딕이나 맑은 고딕 같은 깔끔한 산세리프 폰트를 적용해 줘.
  - 인쇄했을 때 깔끔하게 나오도록 흑백 위주로 디자인해 줘.

프롬프트를 입력하면 챗GPT가 실시간으로 코드를 작성한다.

```
× 마당을 나온 암탉 6학년 독서활... ∨

1   <!DOCTYPE html>
2 ∨ <html lang="ko">
3 ∨ <head>
4     <meta charset="UTF-8" />
5     <title>마당을 나온 암탉 - 6학년 독서활동지</title>
6 ∨   <style>
7 ∨     @page {
8         size: A4;
9         margin: 20mm;
10      }
11 ∨    body {
12        font-family: "Malgun Gothic", "Apple SD Gothic Neo", sans-serif;
13        line-height: 1.5;
14        color: #000;
15      }
16 ∨    h1, h2, h3 {
17        margin: 0.6em 0 0.3em;
18      }
19 ∨    h1 {
20        text-align: center;
21        font-size: 20pt;
22      }
23 ∨    h2 {
24        font-size: 15pt;
25        border-bottom: 2px solid #000;
```

이때 코드 블록 상단이나 별도의 캔버스 영역에 나타나는 [미리보기(Preview)] 버튼을 클릭하면, 코드가 실제 웹페이지처럼 변환되어 화면에 나타난다.

이 화면을 통해 레이아웃이나 오타를 직관적으로 확인할 수 있다.

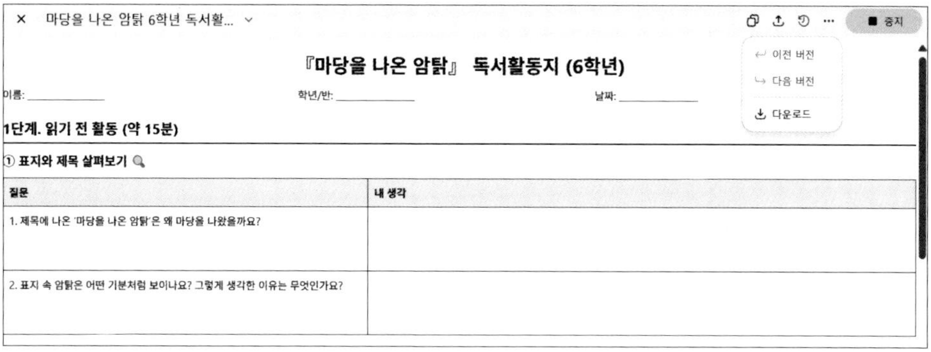

내용이 만족스럽다면 미리보기 화면 우측 상단(또는 코드 블록 상단)에 [점 세 개] 버튼을 누르고, [다운로드]를 클릭한다. 그러면 컴퓨터에 HTML 형태의 파일이 저장된다. 다운로드 한 HTML 파일을 더블클릭하면 평소 사용하는 웹 브라우저에서 활동지가 열린다.

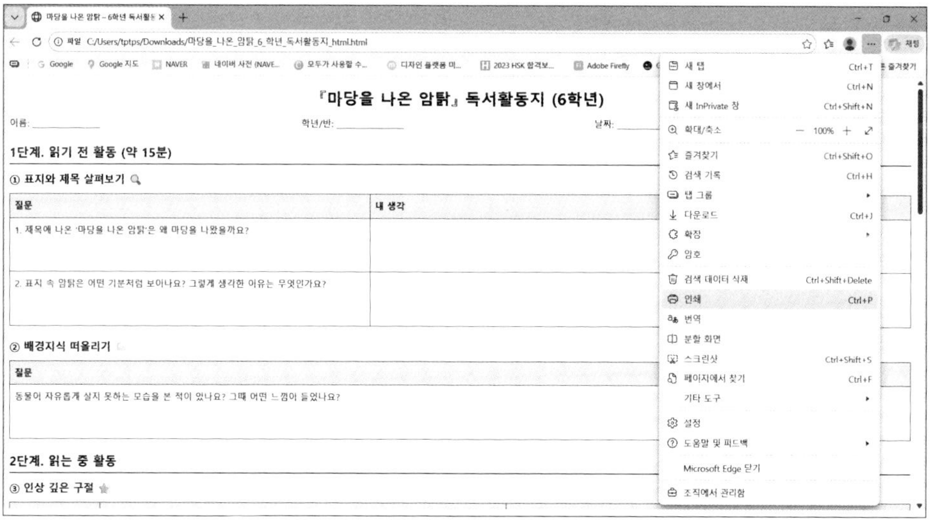

브라우저 상단의 메뉴에서 [인쇄]를 찾아 클릭한다(단축키 Ctrl+P).

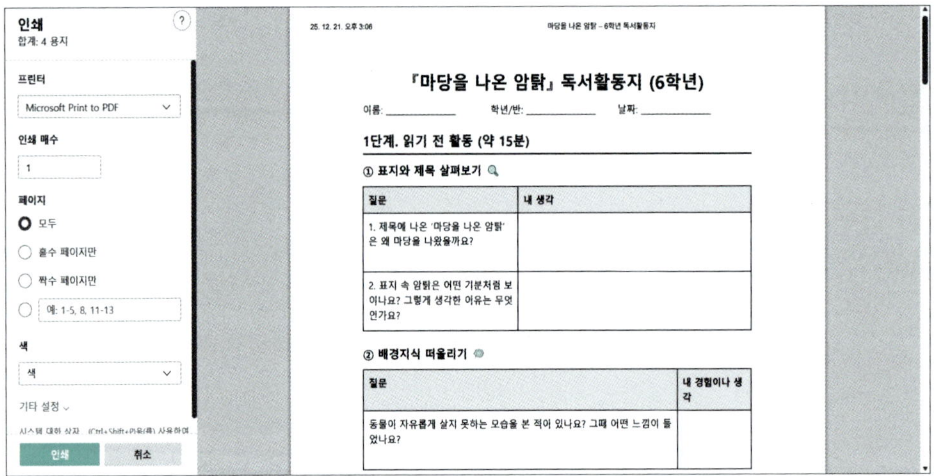

인쇄 대상 설정에서 프린터 대신 [PDF로 저장]을 선택한다. [저장]을 누르면 깨짐 없는 깔끔한 PDF 파일이 생성된다.

이 과정을 거치면 복잡한 파이썬 라이브러리 오류와 씨름할 필요 없이 누구나 1분 안에 깔끔한 활동지를 얻을 수 있다.

나) 편집 가능한 워드 파일 생성

단, PDF는 바로 출력하기엔 좋지만 내용을 수정하기 어렵다는 단점이 있다. 만약 추후에 문항을 수정하거나 내용을 가감할 것을 고려한다면, 편집 가능한 워드 (.docx) 파일을 생성하는 것이 유리하다.

챗GPT에 다음과 같이 구체적인 서식을 지정하여 요청한다.

워드 파일 생성 프롬프트:

방금 네가 만들어 준 활동지 내용을 다운로드 가능한 워드(.docx) 파일로 만들어줘. python-docx 라이브러리를 사용해서 표 형식과 텍스트 서식을 유지해 줘.

- 구체적 요구 사항:
  - 제목은 굵은 글씨 16pt, 소제목은 14pt
  - 본문은 11pt, 맑은 고딕 폰트 적용
  - 표 테두리와 셀 간격을 적절히 설정

챗GPT가 다운로드 링크를 생성해 주면 이를 클릭하여 파일을 저장한다. 단, 한글(.hwp) 파일 생성은 지원하지 않으므로 한글 파일이 꼭 필요하다면 생성된 워드 파일을 한글 프로그램에서 불러와 저장하는 방식을 택해야 한다.

다) 캔바(Canva)를 활용하여 시각적 완성도 극대화하기

단순한 텍스트 위주의 활동지를 넘어, 학생들의 흥미를 끌 수 있는 시각 자료가 필요하다면 디자인 툴인 캔바를 활용하는 것이 좋다.

챗GPT가 생성한 활동지 텍스트를 복사하여 캔바의 AI 문서 편집기에 붙여 넣으면, 내용에 어울리는 디자인 템플릿을 자동으로 추천받을 수 있다.

캔바 메인 페이지의 AI 입력창에 챗GPT가 만든 활동지 내용을 복사해서 붙여 넣는다.

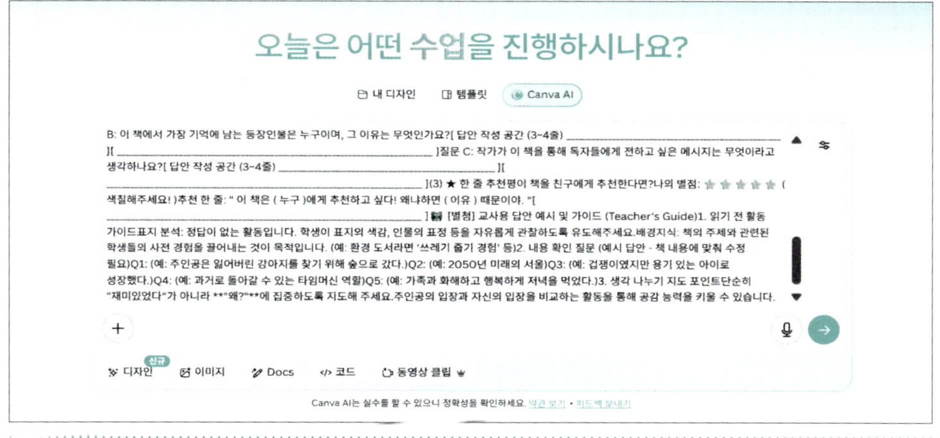

캔바 AI가 활동지 내용을 이미지 등으로 잘못 인식할 경우에는 입력창 아래의 여러 옵션 중 [Docs] 버튼을 선택한 상태에서 프롬프트를 입력하면 텍스트 기반의 디자인을 얻을 수 있다.

잠시 기다리면 캔바 AI가 텍스트 내용을 분석하여, 마크다운 표현(-, *, | 등)을 식별 가능한 표, 텍스트 상자, 아이콘 등으로 자동 변환하여 시안을 제시한다.

AI가 텍스트 구조를 90% 이상 자동으로 변환해 주었기 때문에 여기서부터는 세부적인 수정만 진행하면 된다.

수정 사항이 있다면 [이대로도 좋지만…] 버튼을 클릭해 추가 프롬프트 지시를 입력하여 AI에 재수정을 요청할 수 있다.

2) AI 프레젠테이션 도구 완전 정복

발표용 슬라이드 제작은 도서관에서 가장 자주 해야 하면서도 가장 부담을 느끼는 업무 중 하나다. 하지만 AI 도구들을 제대로 활용하면 시간을 획기적으로 단축할 수 있다.

㉮ 1단계: 챗GPT로 발표 설계도 만들기

좋은 프레젠테이션의 비밀은 화려한 디자인이 아니라 체계적인 구성에 있다. 무작정 슬라이드부터 만들기 시작하면 중간에 길을 잃기 쉽다. 따라서 먼저 챗GPT와 함께 전체적인 뼈대를 잡는 것이 중요하다.

발표 설계 프롬프트:

- **역할:** 프레젠테이션 전문가 겸 교육 콘텐츠 기획자

- **발표 상황 분석:**
  - 주제: [도서명] [발표 목적]
  - 발표자: [학년/인원/발표 경험 수준]
  - 청중: [대상/인원/사전 지식 수준/관심도]
  - 환경: [발표 시간/장소/사용 가능 기기]
  - 목표: [구체적으로 달성하고 싶은 것]

- **발표 전략 수립:**

- **청중 분석 기반 접근법**
  - 주의 집중 전략: [청중 특성에 맞는 도입 방법]
  - 참여 유도 방법: [상호작용 요소 배치]
  - 핵심 메시지 전달: [기억에 남을 포인트 3가지]

- **시간 배분 최적화 (총 [분]분)**
  - 도입(20%): 관심 끌기 + 발표 개요
  - 본론(60%): 핵심 내용 + 증거/사례
  - 마무리(20%): 요약 + 행동 유도

- **결과물 요구 사항:**
  - ❶ 슬라이드별 상세 설계도
    - 제목 + 핵심 메시지 (키워드 형태)

- 시각 자료 제안 (이미지/차트/영상 등)
- 예상 소요 시간

❷ **발표자용 스크립트**
- 슬라이드당 핵심 말하기 내용(100~150자)
- 자연스러운 연결 멘트
- 예상 질문 및 답변 준비

❸ **청중 참여 설계**
- 상호작용 포인트 (질문/퀴즈/토론)
- 참여 유도 타이밍
- 반응별 대응 방안

이 조건으로 교육적 효과를 극대화하는 발표 설계도를 완성해 줘.

위의 프롬프트를 실제 상황에 적용해보면 다음과 같다.

- **역할: 프레젠테이션 전문가 겸 교육 콘텐츠 기획자**

- **발표 상황 분석:**
  - 주제:『어린왕자』독후감 발표 (책의 매력과 교훈 소개)
  - 발표자: 중학교 1학년 3명 (발표 경험 적음, 떨림 많음)
  - 청중: 같은 반 친구들 25명 (집중 시간 짧음, 시각적 자료 선호)
  - 환경: 교실에서 10분 발표, 빔프로젝터 사용 가능
  - 목표: 친구들이『어린왕자』읽고 싶어 하도록 만들기

- **발표 전략 수립:**
- **청중 분석 기반 접근법**
  - 주의 집중 전략: 책의 유명한 삽화나 명대사로 시작
  - 참여 유도 방법: 간단한 퀴즈나 "여러분도 이런 경험 있나요?" 질문
  - 핵심 메시지 전달: ① 어른과 아이의 차이 ② 진정한 가치 ③ 사랑의 의미

- **시간 배분 최적화 (총 10분)**
  - 도입(2분): 흥미로운 장면 소개 + 발표 개요
  - 본론(6분): 인상 깊은 장면 3가지 + 개인적 경험 연결
  - 마무리(2분): 핵심 메시지 요약 + 책 읽기 권유

이 조건으로 중학생들이 성공적으로 발표할 수 있는 설계도를 완성해 줘.

이렇게 구체적인 상황 정보를 제공하면 챗GPT는 해당 상황에 최적화된 발표 구성을 제안한다.

🔵나 자동 슬라이드 생성 도구 활용

챗GPT로 완성한 탄탄한 발표 설계도를 이제 학생들이 시각적으로 보고 이해할 수 있는 실제 슬라이드로 만들어 보자. 여기서는 두 가지 방법을 제안한다.

첫째는 활동지 제작과 동일하게 챗GPT의 캔버스 기능을 활용하는 것이다. HTML 코드를 받아 별도의 프로그램 없이 즉석에서 슬라이드를 띄울 수 있다. 둘째는 전문 AI 디자인 도구를 활용해 시각적 완성도를 극대화하는 방법이다.

대표적인 디자인 도구로는 캔바와 감마(Gamma)가 있는데, 캔바는 앞서 여러 번 다루었으므로 이번 장에서는 텍스트를 슬라이드로 변환하는 데 특화된 감마를 활용하는 방법을 중심으로 소개한다.

가) 챗GPT로 1분 만에 웹 슬라이드 만들기

별도의 가입이나 디자인 툴 학습 없이 가장 빠르게 발표 자료를 만들고 싶다면 이 방법을 추천한다. 챗GPT에 Reveal.js 라이브러리를 활용한 단일 HTML 파일을 요청하면 웹 브라우저에서 작동하는 깔끔한 슬라이드 덱을 즉시 생성해 준다.

슬라이드 생성 프롬프트:

위에서 짠 발표 내용을 바탕으로 프레젠테이션용 HTML 파일을 만들어 줘. Reveal.js 라이브러리를 CDN으로 불러와서 별도 설치 없이 파일만 열면 바로 실행되게 해 줘.

• 구체적 요구 사항:

  - 배경은 칠판 느낌의 어두운 녹색, 글자는 흰색으로 해 줘.

  - 슬라이드 넘김 효과는 부드럽게 설정해 줘.

  - 각 장표마다 핵심 내용만 요약해서 넣어 줘.

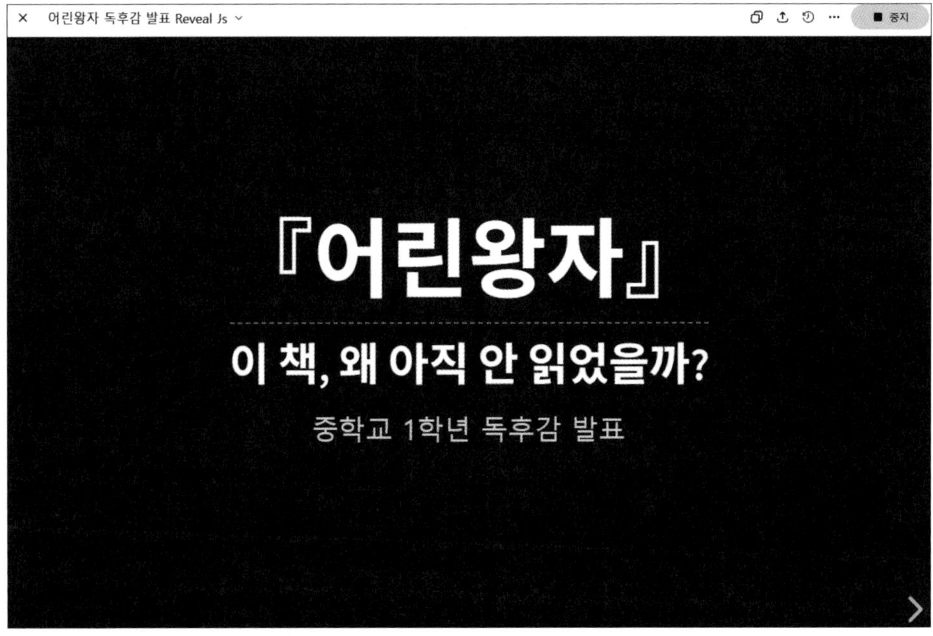

이렇게 생성된 HTML 파일을 다운로드하여 실행하면 마치 파워포인트 슬라이드 쇼를 하듯 웹 브라우저에서 넘겨 가며 발표할 수 있다.

이 방식은 아주 빠르고 효율적이지만 모든 상황에 적합하지는 않다. 내용 수정이 힘들고, 원하는 이미지나 멀티미디어를 삽입하기 어렵다는 단점이 있다. 따라서 코딩 지식 없이도 직관적인 편집이 가능하며 AI가 디자인과 이미지를 자동으로 완성해 주는 도구를 이어서 소개한다.

나) 감마(Gamma)로 고품질 슬라이드 만들기

감마 웹사이트(gamma.app)에 접속한 후 회원 가입 또는 로그인한다. 구글 계정으로 간편하게 가입할 수 있다. 이후 메인 페이지 상단의 [새로 만들기(AI)] 버튼을 클릭한다.

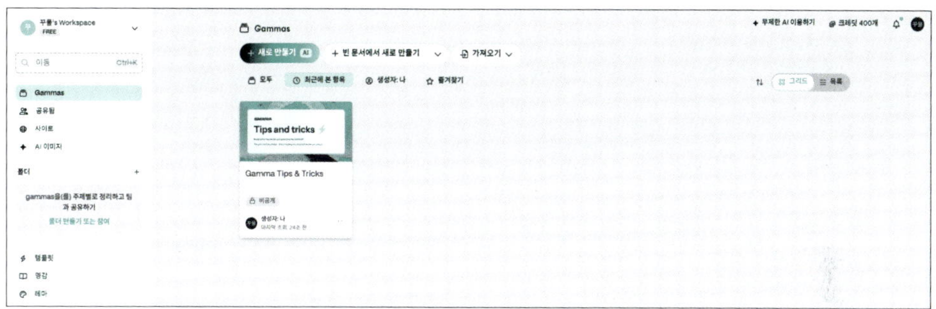

감마에서 슬라이드 생성을 시작하면, [생성]과 [텍스트 붙여넣기]라는 선택지가 나타난다.

[생성] 기능은 간단한 주제만으로 감마가 직접 내용의 개요까지 만들어 주는 방식이다. 하지만 우리는 이미 챗GPT로 탄탄한 설계도를 완성했으므로 후자인 [텍스트 붙여넣기]를 선택하여 준비된 내용을 기반으로 디자인을 입히는 것이 효율적이다.

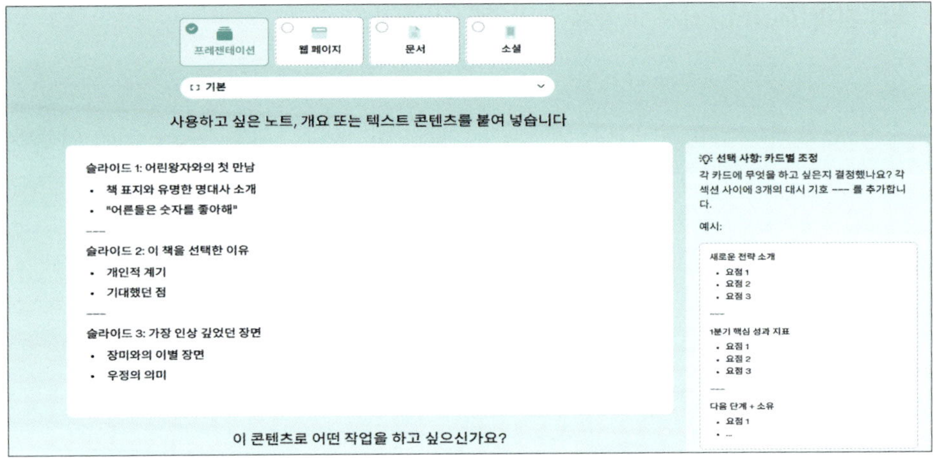

[프레젠테이션]을 선택한 후, 나타난 입력창에 프롬프트를 작성한다.

다) 보다 효율적으로 감마 사용하기

챗GPT가 생성한 내용 전체를 그대로 붙여 넣기보다 감마가 이해하기 쉽도록 정리해서 넣는 것이 좋다.

감마의 공식 가이드에 따르면, 각 슬라이드의 내용이 끝나는 지점에 세 개의 대시 기호(---)를 추가하면, 감마 AI는 그 기호를 기준으로 새로운 슬라이드를 생성한다. 예를 들어, 챗GPT가 만든 설계도를 다음과 같이 살짝만 수정해서 붙여 넣는 것이다.

감마 최적화 형식 (예시):

슬라이드 1: 어린왕자와의 첫 만남

책 표지와 유명한 명대사 소개

"어른들은 숫자를 좋아해"

슬라이드 2: 이 책을 선택한 이유

개인적 계기

기대했던 점

슬라이드 3: 가장 인상 깊었던 장면

　　장미와의 이별 장면

　　우정의 의미

이렇게 하면 어디까지가 1번 슬라이드이고 어디부터 2번 슬라이드인지를 감마 AI에 정확하게 알려줄 수 있어, 의도한 그대로 결과물을 얻을 수 있다.

더 나아가, 아예 챗GPT에 설계도를 요청하는 첫 단계부터 "이건 감마에 쓸 거니까, 각 슬라이드를 ---로 구분해서 만들어줘"라고 명시하는 방법도 있다. 이처럼 용도를 지정하면 챗GPT는 처음부터 각 슬라이드에 맞게 내용을 간결하게 요약하고 구조화한 결과물을 제안한다.

감마용 출력 형식 및 조건 프롬프트:

출력 형식 및 조건:

- 전체 내용을 AI 프레젠테이션 도구 '감마(Gamma)'에 바로 붙여 넣을 수 있도록 최적화해줘.
- 각 슬라이드는 세 개의 대시 기호(---)로 명확하게 구분해 줘.
- 각 슬라이드의 첫 줄은 제목이 되고, 나머지 내용은 본문이 되도록 구성해 줘.

기존 발표 설계도 프롬프트에 해당 프롬프트를 추가하여 요청하면 된다.

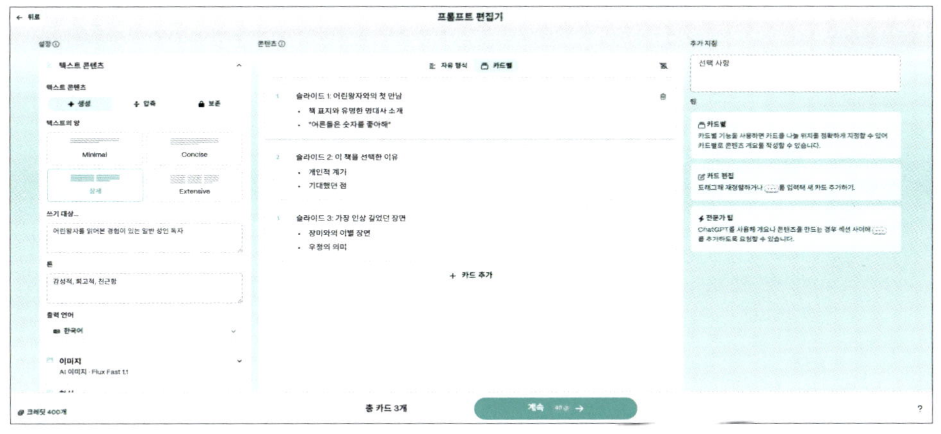

사이드바를 통해 스타일과 내용을 조정하고, [계속] 버튼을 누르면 완성된 슬라이드가 나온다. 이때 감마의 진정한 위력이 발휘되는데, 단순히 텍스트만 배치하는 것이 아니라 내용에 맞는 고품질 이미지까지 자동으로 찾아서 삽입해 준다는 점이다.

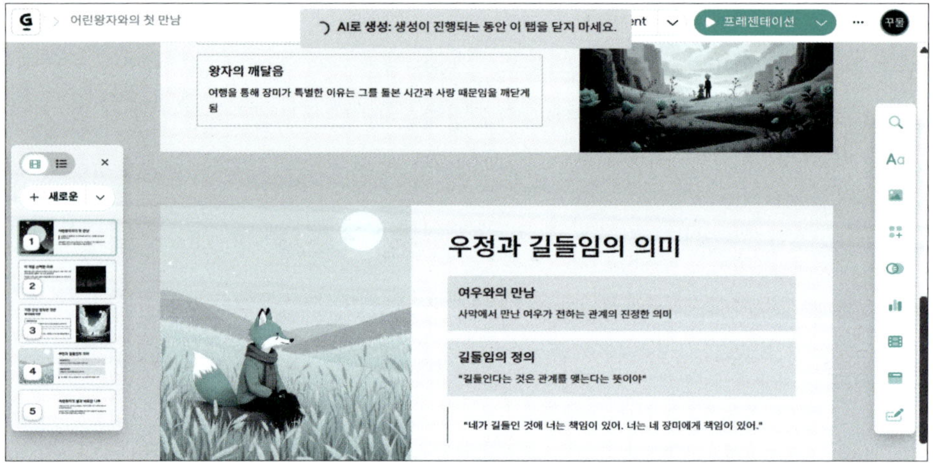

슬라이드를 검토하고 개별 편집으로 완성도를 높인다. 자동 생성된 결과물도 훌륭하지만 필요에 따라 세부 조정이 가능하다. 이미지 교체, 텍스트 수정, 레이아웃 변경 등이 클릭 몇 번으로 가능하다.

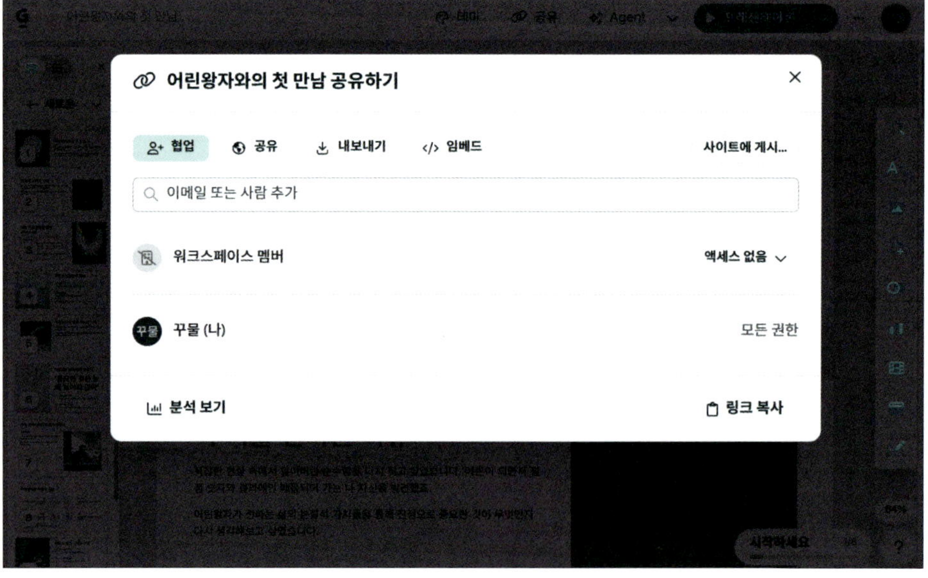

완성된 슬라이드는 파워포인트(.pptx), PDF, 또는 웹 링크 형태로 다운로드할 수 있다. 특히 웹 링크 공유 기능을 사용하면 별도의 파일 전송 없이도 언제든지 접근할 수 있어 편리하다.

3) 독서 퀴즈 자동 생성

학생들과 자연스럽게 책 이야기를 시작하는 방법에는 여러 가지가 있지만, 독서 퀴즈는 그중에서도 가장 직관적이고 즉각적인 반응을 끌어내는 콘텐츠일 것이다.

단순한 사실 확인 질문 외에도 다양한 유형의 질문을 활용한다면, 학생 개인의 경험과 생각을 이끌어 내는 심화 활동까지 연계할 수 있다.

AI를 활용하면 이런 다층적 기능을 가진 퀴즈를 손쉽게 만들 수 있다.

가 챗GPT로 3가지 유형의 퀴즈 문항 만들기

가) 사실 확인형 + 대화 유발형 퀴즈 생성 프롬프트:

독후활동의 출발점은 책 내용에 대한 확실한 공통분모를 만드는 것이다. 주인공이 누구인지도 기억나지 않는 상태에서 어떻게 깊은 이야기를 나누겠는가? 사실 확인형 문제로 기본 토대를 다진 후, 대화 유발형 문제로 자연스럽게 이어가는 전략이 효과적이다.

- **역할:** 독서토론 전문가 겸 소통 촉진 전문가

- **퀴즈 설계 목표:**
  - 1단계: 책 내용 공통 확인으로 자신감 형성
  - 2단계: 확인된 내용을 바탕으로 대화 유발
  - 3단계: 개인 경험과 연결하여 토론 심화

- **문항 구성 비율:**
  - 사실 확인형 40% (자신감 형성용)
  - 대화 유발형 40% (토론 시작용)
  - 경험 연결형 20% (심화 활동용)

- **사실 확인형 설계 원칙:**
  - 너무 쉽지도 어렵지도 않은 중간 난이도
  - 정답을 맞히면 다음 질문으로 자연스럽게 연결
  - 단순 암기가 아닌 '이해' 확인 중심
  - 틀려도 힌트로 다시 도전할 수 있게 구성

[도서명] 기준으로 위 원칙에 맞는 퀴즈 15문항을 만들어줘.

다음은 실제로 교실에서 바로 사용할 수 있는 완성된 퀴즈 세트 예시다.

사실 확인형 (자신감 형성)

잎싹의 원래 이름은 무엇이었나요?

① 123호 ② 456호 ③ 뽀얀 암탉 ④ 그냥 암탉

정답 후 연결: "번호로만 불린다는 게 어떤 기분일까요?"

잎싹이 처음 마당에 나와서 가장 먼저 한 일은?

① 모래목욕 ② 벌레 찾기 ③ 둥지 만들기 ④ 도망가기

정답 후 연결: "자유를 얻었을 때 가장 하고 싶은 일이 뭔가요?"

대화 유발형 (토론 시작)

잎싹이 마당을 나온 이유 중 가장 중요한 것은?

① 자유롭고 싶어서 ② 알을 품고 싶어서

③ 친구를 만나고 싶어서 ④ 모험을 하고 싶어서

토론 포인트: "여러분도 무언가를 간절히 원해본 적이 있나요?"

사육장 안 다른 암탉들은 잎싹을 어떻게 생각했을까요?

① 용감하다고 생각 ② 바보라고 생각 ③ 부럽다고 생각 ④ 이해할 수 없다고 생각

토론 포인트: "왜 사람들은 다른 선택을 하는 사람을 이해하기 어려워할까요?"

나) 게임형 퀴즈 생성 프롬프트:

게임의 규칙을 교실에 적용하는 순간, 학생들은 하나의 팀이 된다. 추리, 협력, 상상력을 발휘해야 하는 재미있는 문제들은 아이들의 시선을 단숨에 사로잡고 도전 정신을 불러일으킨다. 혼자서는 풀 수 없는 미션을 위해 서로 머리를 맞대는 동안 교실에는 끈끈한 유대감이 피어날 것이다.

- **역할: 게임 기획자 겸 독서교육 전문가**

- **게임화 목표:**
  - 교실 전체가 함께 즐길 수 있는 활동
  - 개인 경쟁보다 협력과 재미 중심
  - 책 내용을 자연스럽게 복습하면서 몰입도 극대화

- **게임형 문항 유형:**
  ❶ **추리형 (30%)**
    - 단서 3개 제시 → 정답 맞히기
    - 예시: "이 인물은 누구일까요?" (단계별 힌트)

  ❷ **협력형 (25%)**
    - 팀별로 역할 분담해서 해결
    - 예시: "각자 다른 정보를 가지고 사건 재구성하기"

  ❸ **상상형 (25%)**
    - 창의적 사고 발휘하는 문제
    - 예시: "이야기 이어가기", "새로운 결말 만들기"

  ❹ **스피드형 (20%)**
    - 빠른 반응과 순발력 필요
    - 예시: "단어 연상", "그림 맞히기"

[도서명]으로 교실이 하나 되는 재미있는 게임형 퀴즈 10문항을 만들어줘.

각 문항 유형에 따라 생성되는 문제는 다음과 같다.

추리형 퀴즈

다음 단서들을 보고 누구의 이야기인지 맞춰 보세요!

단서 1: 날개가 있지만 날 수 없어요

단서 2: 물을 좋아해요

단서 3: 잎싹을 도와주었어요

- 정답: 나그네 (청둥오리)

- 재미 요소: 단계별 힌트 공개

협력형 퀴즈

팀 미션: 잎싹 이후 이야기 만들기

- 각 팀원이 한 문장씩 이어서 새로운 이야기 창작

- 조건: 잎싹의 성격과 가치관을 유지할 것

- 협력 요소: 모든 팀원의 아이디어가 들어가야 완성

다) 가치 탐구형 퀴즈 생성 프롬프트:

가장 깊이 있는 독후활동은 학생이 자신의 가치관을 돌아보게 만드는 것이다. 이를 위해서는 단순히 내용을 확인하는 질문을 넘어, "만약 나라면 어떻게 했을까?"와 같은 가치 판단 질문을 던져야 한다.

- **역할: 철학 대화 전문가 겸 청소년 상담사**

- **성찰 유도 전략:**
  - 정답이 없는 철학적 질문 중심
  - 개인의 경험과 가치관 연결
  - 타인의 관점 이해하고 존중하기
  - 깊이 있는 사고 과정 중시

- 성찰형 문항 설계:

  ❶ **선택 딜레마형 (40%)**

    - 목적: 가치 기준 명확화

    - 예시: "안전 vs 자유 중 선택해야 한다면?"

  ❷ **관점 이해형 (30%)**

    - 목적: 타인 입장에서 생각해보기

    - 예시: "반대 의견을 가진 사람의 마음 이해하기"

  ❸ **미래 예측형 (30%)**

    - 목적: 결과 중심적 사고 훈련

    - 예시: "이 선택이 10년 후에는 어떤 영향을 미칠까?"

- 질문 조건:

  - 학생들의 나이대에 맞는 언어 사용

  - 무겁지 않으면서도 의미 있는 주제

  - 다양한 답변이 모두 존중받을 수 있는 구조

[도서명]을 통해 학생들이 자신을 돌아보게 하는 성찰형 퀴즈 8문항을 만들어줘.

아래는 완성된 퀴즈 세트이다.

경험 연결형

잎싹처럼 '안전하지만 답답한 상황'을 경험한 적이 있나요?

  - 서술형: 자유롭게 경험 나누기

  - 성찰 포인트: "그때 어떤 선택을 했고, 지금 생각해 보면 어떤가요?"

가치 판단형

진짜 엄마란 무엇일까요?

  ① 낳아준 사람 ② 키워준 사람 ③ 사랑해주는 사람 ④ 희생하는 사람

  성찰 포인트: "가족의 의미에 대해 생각해봅시다."

> **잎싹의 선택을 친구에게 추천하겠나요?**
> ① 적극 추천 ② 상황에 따라 ③ 추천하지 않음 ④ 잘 모르겠음
> 이유: 왜 그렇게 생각하는지 설명해보세요
> 성찰 포인트: "안전 vs 자유, 어느 것이 더 중요할까요?"

🄰 챗GPT 캔버스로 퀴즈 구현하기

앞서 경험해 본 것과 마찬가지로, 챗GPT의 캔버스 기능을 활용하면 복잡한 코딩이나 별도의 프로그램 설치 없이 교실에서 즉시 실행 가능한 인터랙티브 퀴즈를 손쉽게 구현할 수 있다.

슬라이드 퀴즈 제작 프롬프트 (예시):

use canvas
『마당을 나온 암탉』독후활동용 인터랙티브 퀴즈 슬라이드를 만들어 줘.

• **요구 사항:**
 - React 기반으로 제작
 - 총 15문항 (사실 확인 5개, 대화 유발 5개, 게임형 3개, 성찰형 2개)
 - 각 문제는 개별 슬라이드로 구성
 - 화살표 키나 버튼으로 다음 문제 이동
 - 선택지 클릭 시 정답 여부 표시 및 해설 출력
 - Tailwind CSS로 교실 프로젝터에 적합한 큰 글씨 디자인
 - 교사가 학생들과 함께 풀 수 있는 인터페이스

• **문항 구성:**
 1. 사실 확인형: 기본 줄거리와 인물 파악 (자신감 형성)
 2. 대화 유발형: 의견이 나뉠 수 있는 해석 문제 (토론 시작)
 3. 게임형: 추리, 상상력을 발휘하는 재미있는 문제 (몰입도 향상)
 4. 성찰형: 가치관과 경험을 연결하는 깊이 있는 질문 (사고 확장)

- **디자인 요구 사항:**
  - 교실 뒤쪽에서도 잘 보이는 큰 글씨
  - 문제 유형별로 색상 구분
  - 정답/오답 시 명확한 시각적 피드백
  - 진행률 표시로 전체 흐름 파악

Canvas에서 바로 실행 가능한 완전한 코드로 만들어 줘.

캔버스에서 생성되는 코드는 다음과 같은 구조를 가진다.

```
import { useState } from "react";
import { Button } from "@/components/ui/button";
import { Card, CardContent } from "@/components/ui/card";
const quizData = [
  // 1~5: 사실확인형
  {
    type: "사실확인형",
    question: "주인공 잎싹은 어떤 동물인가요?",
    options: ["오리", "닭", "거위", "참새"],
    answer: "닭",
    explanation: "잎싹은 양계장에서 탈출한 암탉입니다."
  },

  [...]
```

완성된 퀴즈(QR코드)

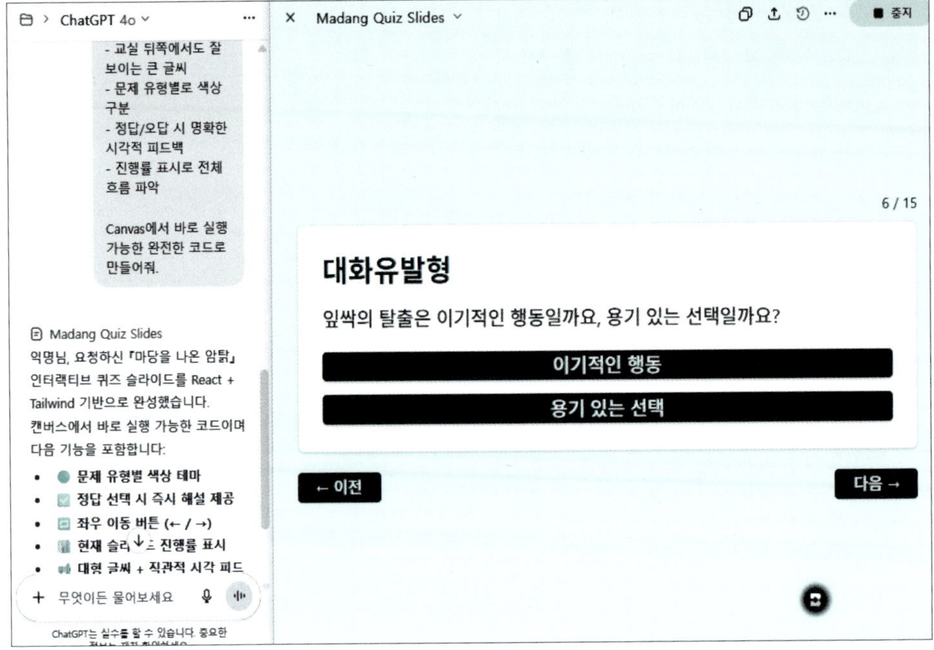

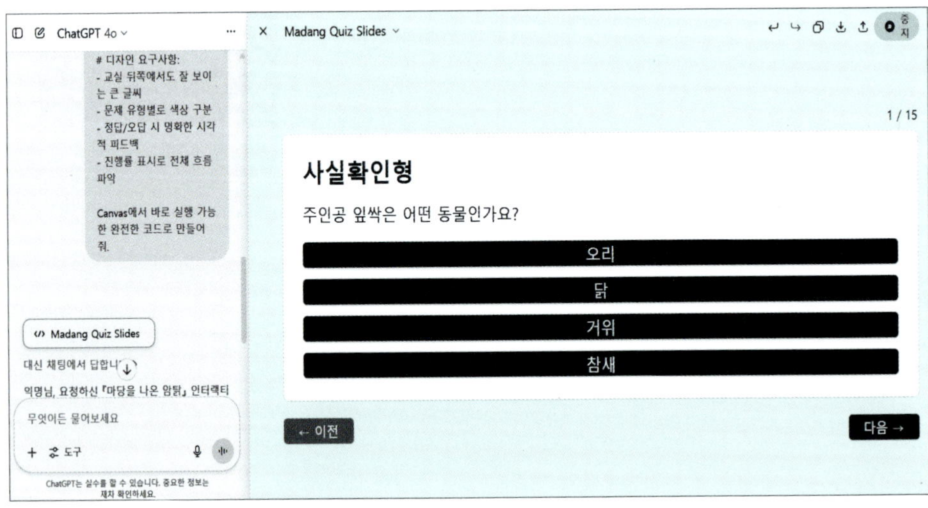 결과물 테스트하고 수정하기

캔버스 창 우측 상단의 [미리보기] 버튼을 누르면 코드가 실행되었을 때의 화면을 실시간으로 볼 수 있다. 이런저런 버튼을 직접 누르며 퀴즈가 잘 작동하는지, 오타는 없는지, 디자인은 마음에 드는지 바로 테스트해 보자.

캔버스의 가장 강력한 기능 중 하나는 전체 코드에 손을 댈 필요 없이, 원하는 부분만 콕 집어 수정이 가능하다는 점이다.

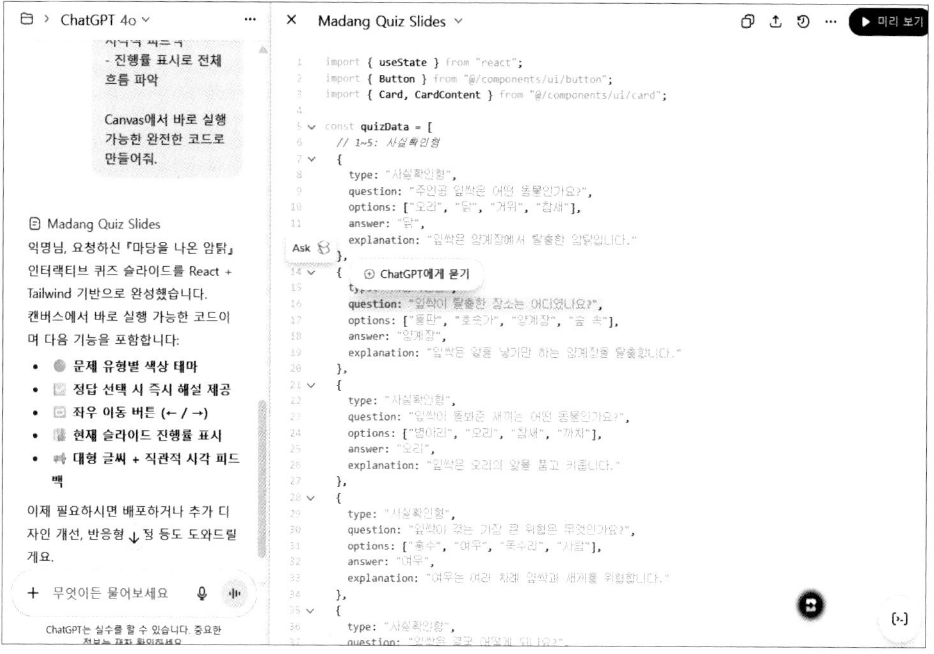

- 문항 내용만 선택 → "초등 4학년 수준으로 쉽게 바꿔 줘"

- 선택지 부분만 선택 → "더 창의적인 선택지로 만들어 줘"

- 해설 부분만 선택 → "토론을 유발하는 질문을 추가해 줘"

수정하고 싶은 코드 부분을 마우스로 드래그한 다음, 나타나는 [ChatGPT에 묻기] 버튼을 눌러 수정 요청을 할 수 있다. 코드에 대한 기본 지식이 있다면 더욱 정밀한 수정이 가능하다.

물론 코드 지식이 없어도 괜찮다. [미리보기] 화면을 보면서 "세 번째 문제 선택지들이 너무 평범해. 더 재밌게 바꿔 줘"와 같이 직관적으로만 지시해도 괜찮다. 세밀한 수정은 어려울 수 있지만, 웬만한 작업은 충분히 가능하다.

라 링크로 공유하기

[미리보기] 버튼 좌측의 [공유하기] 아이콘을 선택하면, 완성된 인터랙티브 퀴즈의 링크를 복사해서 다른 사람에게 배포할 수 있다. 이 링크를 받은 사람은 별도의 로그인 없이 캔버스 인터랙티브 창에 접근하여 직접 퀴즈를 풀어 볼 수 있다.

공유 링크를 생성할 때 '공개'로 범위를 설정하는 것을 잊지 말자. 사용자가 공유를 수동으로 중단하지 않는 한 해당 링크를 통해 계속 접근이 가능하고, 현재로선 동시 접속자 수에도 공식적인 제한은 없다. 다만, 향후 정책이 변경될 가능성은 염두에 두자. 클라우드 환경으로 접속하기 때문에 짧은 시간 내 다수의 접속이 이루어지면 일시적으로 로딩이 느려질 수 있는 점도 유의해야 한다.

캔버스를 이용한 인터랙티브 퀴즈는 교사가 전체 과정을 주도하고, 학생들은 화면을 보며 참여하는 시연 형태를 띤다. 따라서 초등학생들을 대상으로 한 수업에서도 문항 난이도와 형태만 조절한다면 얼마든지 활용할 수 있다는 장점이 있다.

마 클로드 아티팩트(Claude Artifacts)로 게임형 웹 앱 확장하기

챗GPT 캔버스를 통해 슬라이드 퀴즈를 구현해 보았다. 하지만 여기서 한발 더 나아가, 카드 뒤집기나 캐릭터 움직임 같은 화려한 액션이 포함된 웹앱을 만들고

싶은 욕심이 든다면? 앤트로픽(Anthropic)의 클로드(Claude)가 가진 '아티팩트
(Artifacts)' 기능을 활용해 볼 수 있다.

가) 에디터를 넘어선 앱 메이커

챗GPT 캔버스가 코드를 다듬는 에디터라면, 클로드의 아티팩트는 즉시 실행할
수 있는 앱을 보여 주는 결과 중심의 도구다. 복잡한 코딩 지식 없이 "이 퀴즈를 게
임으로 만들어 줘"라고 요청하는 순간, 화면 우측에 실제로 플레이할 수 있는 완성
된 게임이 나타난다.

나) 카드 뒤집기 게임 제작하기

앞선 단계에서 만든 사실 확인형 퀴즈를 활용해, 학생들이 좋아하는 '카드 짝 맞
추기' 게임을 만들어 보자.

카드 뒤집기 게임 제작 프롬프트 (예시)

『마당을 나온 암탉』의 등장인물과 그들의 명대사를 짝짓는 메모리 카드 게임을 만
들어 줘.

#요구 사항

- 기능: 총 8쌍의 카드를 뒤집어서 인물과 대사가 일치하면 카드가 사라지게 해 줘.
- 시각화: React 기반으로 제작하고, 아티팩트 창에서 바로 플레이할 수 있게 해 줘.
- 디자인: 초등학생 눈높이에 맞는 따뜻한 파스텔톤 색감을 사용하고, 성공 시 폭
  죽 효과를 넣어 줘.

이 프롬프트 한 번이면 클로드는 불과 1분 안에 교실 TV나 학생들의 태블릿에
서 바로 실행 가능한 게임을 뚝딱 만들어 낸다. 교사는 우측 상단의 [산출물 게시]
버튼을 눌러 링크를 생성하고 학생들에게 공유하기만 하면 된다.

활동지 설계부터 인터랙티브 퀴즈 제작까지, AI와 함께라면 복잡해 보였던 콘텐츠 제작도 더는 어려운 일이 아니다. 여기에 소개된 다양한 프롬프트와 방법론은 시작점일 뿐이다. 이제 이를 바탕으로 각자의 교육 현장에 맞는 창의적인 아이디어를 더해, 교실을 살아있는 질문과 즐거운 발견이 가득한 공간으로 만들어 가자.

완성된 퀴즈(QR코드)

참고문헌

1. 교육부. (2022). 인공지능, 교육현장에서 안전하게 활용해요!
   https://www.moe.go.kr/boardCnts/viewRenew.do?boardID=294&boardSeq=922
   97&lev=0

2. Google Cloud. (2025). Prompt engineering [Internal documentation].

3. Google Workspace. (2024). Gemini for Google Workspace prompting guide.

4. OpenAI. (2025). ChatGPT [Large language model]. https://chat.openai.com

5. Google DeepMind. (2025). Gemini [Large language model].
   https://gemini.google.com

6. Anthropic. (2025). Claude [Large language model]. https://claude.ai

7. Naver Corporation. (2025). 하이퍼클로바X [Large language model].
   https://clova-x.naver.com

8. Perplexity AI. (2025). Perplexity [정보 검색 모델]. https://www.perplexity.ai

9. UNESCO. (2021). UNESCO Recoomendation on the Ethics of Artificial
   Intelligence.

10. UNESCO. (2023). Guidance for generative AI in education and research.

11. 전북특별자치도교육청. (2025). 똑디와 함께하는 생성형 AI 인공지능 윤리의 모든 것.
    https://www.jbe.go.kr/office/board/view.jbe?boardId=BBS_0000191&menuCd=
    DOM_000000705003001000&orderBy=REGISTER_DATE:DESC&paging=ok&start
    Page=7&searchOperation=AND&categoryCode1=F&categoryCode2=F_01,F_02,F
    _03,F_04&dataSid=562211

12. 전북특별자치도교육청. (2023). 2023년 생성형 AI 교사 활용 자료 및 학생 교육 자료

13. 서울특별시교육청. (2023). 학교급별 생성형 AI 활용 지침.
    https://buseo.sen.go.kr/buseo/bu10/user/bbs/BD_selectBbs.do?q_
    bbsSn=1240&q_bbsDocNo=20230829193450556

14. 한국지능정보사회진흥원(KISDI). 인공지능 윤리 소통 채널. https://ai.kisdi.re.kr/aieth/main/contents.do?menuNo=400029

15. American Psychological Association. (2024, February 23). How to cite ChatGPT. https://apastyle.apa.org/blog/how-to-cite-chatgpt

16. Bloom, B. S., Engelhart, M. D., Furst, E. J., Hill, W. H., & Krathwohl, D. R. (1956). Taxonomy of educational objectives: The classification of educational goals. Handbook I: Cognitive domain. David McKay.

17. Google 한국 블로그. (2023). 국제 팩트체킹의 날: 팩트체커처럼 뉴스를 읽는 방법. https://korea.googleblog.com/2022/03/international-fact-checking-day-2022.html

18. Huse of Commons Digital, Culture, Media and Sport Committee. (2019). Disinfotmation and 'fake news': Final Report.

19. IFCN. (2020). The commitments of the Code of Principles. https://ifcncodeofprinciples.poynter.org/the-commitments

20. OpenAI. (2025). ChatGPT [Large language model]. 출처: 챗GPT 4o (2025-07-01). "수채화풍으로 그린 초록 숲에서 책을 읽는 여자아이", "고흐 풍으로 그린 우주를 여행하는 고양이"

21. SNUFactCheck, 출처: https://factcheck.snu.ac.kr/

22. Wood, D., Bruner, J. S., & Ross, G. (1976). The role of tutoring in problem solving. Journal of Child Psychology and Psychiatry, 17(2), 89–100. https://doi.org/10.1111/j.1469-7610.1976.tb00381.x

23. 구민주 (2025. 6. 25). [팩트체크] 카페에서 사무실 차리는 카공족, 처벌 가능하다?. JTBC, 출처: https://news.jtbc.co.kr/article/NB12251865?influxDiv=NAVER

24. 박혜빈 (2025. 5. 18). [사실확인] 사주팔자도 봐주는 AI…개인정보 유출될 수 있을까. MBN, 출처: https://www.mbn.co.kr/news/society/5120044

25. 시청자미디어재단. (2023). 정보리터러시와 팩트체크.

26. 이영경, & 허진무. (2023, 10월 12일). [요즘 책 어떻게 읽으세요?] 유튜브도 독서인가. 경향신문. https://www.khan.co.kr/article/202310120600011

사서교사가 만든
독서 교육을 위한

찐 실전 Chat GPT

생성형 AI (에듀테크) 사서 학교도서관 활용하기!

| 2026년 | 3월 10일 | 1판 | 1쇄 | 인 쇄 |
| 2026년 | 3월 16일 | 1판 | 1쇄 | 발 행 |

지 은 이 : 이유진·김은현·주경 공저

펴 낸 이 : 박   정   태

펴 낸 곳 : (주) 광문각출판미디어

10881
파주시 파주출판문화도시 광인사길 161
광문각 B/D 3층
등   록 : 2022. 9. 2 제2022-000102호
전 화(代): 031-955-8787
팩   스 : 031-955-3730
E - mail : kwangmk7@hanmail.net
홈페이지 : www.kwangmoonkag.co.kr

ISBN : 979-11-93205-87-7   03370

값 : 19,000원